Sucht: Risiken – Formen – Interventionen
Interdisziplinäre Ansätze von der Prävention zur Therapie

Herausgegeben von

Oliver Bilke-Hentsch
Euphrosyne Gouzoulis-Mayfrank
Michael Klein

Kai W. Müller
Klaus Wölfling

Pathologischer Mediengebrauch und Internetsucht

Verlag W. Kohlhammer

Dieses Werk einschließlich aller seiner Teile ist urheberrechtlich geschützt. Jede Verwendung außerhalb der engen Grenzen des Urheberrechts ist ohne Zustimmung des Verlags unzulässig und strafbar. Das gilt insbesondere für Vervielfältigungen, Übersetzungen, Mikroverfilmungen und für die Einspeicherung und Verarbeitung in elektronischen Systemen.

Die Wiedergabe von Warenbezeichnungen, Handelsnamen und sonstigen Kennzeichen in diesem Buch berechtigt nicht zu der Annahme, dass diese von jedermann frei benutzt werden dürfen. Vielmehr kann es sich auch dann um eingetragene Warenzeichen oder sonstige geschützte Kennzeichen handeln, wenn sie nicht eigens als solche gekennzeichnet sind.

1. Auflage 2017

Alle Rechte vorbehalten
© W. Kohlhammer GmbH, Stuttgart
Gesamtherstellung: W. Kohlhammer GmbH, Stuttgart

Print:
ISBN 978-3-17-023361-4

E-Book-Formate:
pdf: ISBN 978-3-17-031774-1
epub: ISBN 978-3-17-031775-8
mobi: ISBN 978-3-17-031776-5

Für den Inhalt abgedruckter oder verlinkter Websites ist ausschließlich der jeweilige Betreiber verantwortlich. Die W. Kohlhammer GmbH hat keinen Einfluss auf die verknüpften Seiten und übernimmt hierfür keinerlei Haftung.

Geleitwort der Reihenherausgeber

Die Entwicklungen der letzten Jahrzehnte im Suchtbereich sind beachtlich und erfreulich. Dies gilt für Prävention, Diagnostik und Therapie, aber auch für die Suchtforschung in den Bereichen Biologie, Medizin, Psychologie und den Sozialwissenschaften. Dabei wird vielfältig und interdisziplinär an den Themen der Abhängigkeit, des schädlichen Gebrauchs und der gesellschaftlichen, persönlichen und biologischen Risikofaktoren gearbeitet. In den unterschiedlichen Alters- und Entwicklungsphasen sowie in den unterschiedlichen familiären, beruflichen und sozialen Kontexten zeigen sich teils überlappende, teils sehr unterschiedliche Herausforderungen.

Um diesen vielen neuen Entwicklungen im Suchtbereich gerecht zu werden, wurde die Reihe »Sucht: Risiken – Formen – Interventionen« konzipiert. In jedem einzelnen Band wird von ausgewiesenen Expertinnen und Experten ein Schwerpunktthema bearbeitet.

Die Reihe gliedert sich konzeptionell in drei Hauptbereiche, sog. »tracks«:

Track 1: Grundlagen und Interventionsansätze
Track 2: Substanzabhängige Störungen und Verhaltenssüchte im Einzelnen
Track 3: Gefährdete Personengruppen und Komorbiditäten

In jedem Band wird auf die interdisziplinären und praxisrelevanten Aspekte fokussiert, es werden aber auch die neuesten wissenschaftlichen Grundlagen des Themas umfassend und verständlich dargestellt. Die Leserinnen und Leser haben so die Möglichkeit, sich entweder Stück für Stück ihre »persönliche Suchtbibliothek« zusammenzustellen oder aber mit einzelnen Bänden Wissen und Können in einem bestimmten Bereich zu erweitern.

Geleitwort der Reihenherausgeber

Unsere Reihe »Sucht« ist geeignet und besonders gedacht für Fachleute und Praktiker aus den unterschiedlichen Arbeitsfeldern der Suchtberatung, der ambulanten und stationären Therapie, der Rehabilitation und nicht zuletzt der Prävention. Sie ist aber auch gleichermaßen geeignet für Studierende der Psychologie, der Pädagogik, der Medizin, der Pflege und anderer Fachbereiche, die sich intensiver mit Suchtgefährdeten und Suchtkranken beschäftigen wollen.

Die Herausgeber möchten mit diesem interdisziplinären Konzept der Sucht-Reihe einen Beitrag in der Aus- und Weiterbildung in diesem anspruchsvollen Feld leisten. Wir bedanken uns beim Verlag für die Umsetzung dieses innovativen Konzepts und bei allen Autoren für die sehr anspruchsvollen, aber dennoch gut lesbaren und praxisrelevanten Werke.

Der pathologische Medien- und Internetgebrauch, der mittlerweile durch epidemiologische Studien gesichert in 1-5 % der Bevölkerung mit starkem Fokus Jugendalter und junges Erwachsenenalter vorkommt, war in seiner Bedeutung und Konzeptualisierung nicht unumstritten.

Nicht zuletzt durch die Arbeiten von Klaus Wölfling und Kai Müller konnte diese Thematik aber aus der klinisch empirischen Sicht sowie aus der wissenschaftlichen Optik in den letzten Jahren zusammen mit anderen Forschern und Kliniken, beispielsweise aus der Taskforce der DGPPN entwickelt werden. Auch die therapeutischen Ansätze, die sich zunächst an der Glücksspiel-Therapie orientierten, konnten erweitert und evaluiert werden. Mittlerweile können die Verhaltenssüchte wie die Internet- und Mediensucht als etablierte Gesundheitsthemen gelten, wobei die – teilweise ungünstigen – Wirkungen eines unkontrollierten Mediengebrauchs auch über das Suchtthema im engeren Sinne hinausweisen.

Oliver Bilke-Hentsch, Winterthur/Zürich
Euphrosyne Gouzoulis-Mayfrank, Köln
Michael Klein, Köln

Inhalt

Geleitwort der Reihenherausgeber		**5**
1	**Einleitung**	**11**
2	**Epidemiologie**	**25**
2.1	Epidemiologie der Internetsucht in der Allgemeinbevölkerung	26
2.2	Epidemiologie der Internetsucht unter Jugendlichen	32
2.3	Internetsucht – ein zeitstabiles Gesundheitsproblem? Ergebnisse aus Längsschnittstudien	33
3	**Verhaltensspezifika**	**38**
3.1	Das Liking-Wanting Modell bei Substanzabhängigkeit	39
3.2	Das Phasenmodell und seine Übertragbarkeit auf Internetsucht	40
	3.2.1 Ein genauerer Blick auf exzessives Verhalten im Jugendalter	43

4 Neurobiologie — 46

4.1	Neurobiologische Prozesse bei der Abhängigkeit – Ein kurzer Abriss	47
4.2	Neurobiologische Befunde zur Internetsucht	50
4.2.1	Effekte von Computerspielen auf neurobiologischer Ebene	50
4.2.2	Neurobiologische Befunde zur Internet- und Computerspielsucht	51

5 Verhaltenswirkungen — 54

5.1	Computerspielsucht	57
5.2	Online-Sexsucht	60
5.3	Suchtartige Nutzung von sozialen Netzwerkseiten	62
5.4	Online-Kaufsucht	64
5.5	Online-Glücksspielsucht	65

6 Psychosoziale Aspekte — 68

6.1	Negative Auswirkungen auf das Leistungsniveau	70
6.2	Negative finanzielle Auswirkungen	73
6.3	Negative Auswirkungen auf körperlicher Ebene	75
6.4	Negative Auswirkungen auf das Sozialverhalten und die soziale Einbindung	79

7 Ätiologie — 82

7.1	Allgemeine Modelle zur Internetsucht	83

7.2	Spezifische Modelle zur Ätiologie der Internetsucht	86
	7.2.1 Das Integrative Prozessmodell der Internetsucht	86
	7.2.2 Das Modell der generalisierten Internetsucht nach Brand	92
7.3	Zur Wertschöpfung von Störungsmodellen	95

8 Diagnostik 97

8.1	Spezifische diagnostische Schwierigkeiten im Jugendalter	98
8.2	Diagnostische Kriterien der Internet Gaming Disorder	102
	8.2.1 Ein klinischer Blick auf die diagnostischen Kriterien	104
8.3	Differentialdiagnose und psychiatrische Komorbiditäten bei Internetsucht	108
8.4	Standardisierte Verfahren zur Messung von Internet- und Computerspielsucht	113
	8.4.1 Fragebogenverfahren	113
	8.4.2 Interviewbasierte Diagnostik	115

9 Therapieplanung und Intervention 118

9.1	Therapieplanung	118
9.2	Psychotherapeutische Interventionsstrategien	119
9.3	Pharmakologische Therapieansätze	130

10 Synopse und Ausblick 132

Literatur 135

Stichwortverzeichnis 149

Anhang: Checkliste zum Onlinesuchtverhalten (OSV-C) 151

1
Einleitung

Die mediale Berichterstattung sowie der wissenschaftliche Diskurs sind voll von kontroversen Haltungen, teilweise auch mehr oder minder sachlich geführten Auseinandersetzungen über die verschiedenen Wirkungen der sogenannten neuen Medien auf die Gesellschaft und den individuellen Nutzer. Unzweifelhaft scheint dabei nur festzustehen, dass sich die Verbreitung und Ausdifferenzierung des Internets mit beispielloser Geschwindigkeit vollzogen hat und dabei bis zum gegenwärtigen Zeitpunkt zahlreiche Chancen, aber auch gesamtgesellschaftliche Herausforderungen bereithält.

Zu den Chancen zählen sicherlich die drastisch vereinfachte und weitgehend unbeschränkte Zugriffsmöglichkeit auf Informationen jedweder Art, die Leichtigkeit, mit der der Einzelne befähigt ist, aktiv Inhalte zu generieren und sich für diese eine Öffentlichkeit zu akquirieren, sowie die Möglichkeit, über soziale Netzwerke den Kontakt zu Freunden aufrechtzuerhalten, ganz unabhängig von der räumlichen Distanz. Hingegen stellen sich Herausforderungen hinsichtlich der Verbreitung inhaltlich fragwürdiger Inhalte und – damit verbunden – Fragen des Jugendschutzes, der Überforderung durch die fortwährende Erreichbar- und Verfügbarkeit sowie die Auswirkung exzessiven Internetkonsums auf die (psychische) Gesundheit.

Diese Vor- und Nachteile der Vernetzung stellen lediglich eine kleine Auswahl dar, die sich problemlos auf etliche weitere Punkte ausdehnen ließe und deren Diskussion den Umfang mehrerer Lehrbücher sprengen würde. Selbst die Beschränkung lediglich auf gesundheitsrelevante Belange, die durch das Internet beeinflusst werden, wäre schon ein beachtliches Unterfangen. Die folgenden Seiten können – und wollen – somit keinesfalls den Anspruch erheben, unterschiedlichste Effekte der Internetnutzung aufzugreifen und zu diskutieren. Stattdessen wird der Fokus auf eine sehr spezielle Form negativer Auswirkungen der Internetnutzung gelegt, indem das neuartige Phänomen der Internetsucht beleuchtet wird.

Pathologischer Internetgebrauch, dysfunktionale Internetnutzung, exzessiver Konsum und Internetsucht sind nur eine kleine Auswahl an derzeit mehr oder weniger synonym gebrauchten Begrifflichkeiten für das seit etwa zehn Jahren dokumentierte Phänomen. Dieses Sammelsurium an unterschiedlichen Termini verdeutlicht eindrucksvoll, dass bei diesem Thema die Anzahl der offenen Fragen jene der konkreten Antworten bei Weitem übersteigt, obgleich positiv festzuhalten ist, dass mittlerweile immer mehr fundierte wissenschaftliche Studien aus unterschiedlichen Bereichen veröffentlicht wurden und werden und sich dadurch das Bild über dieses neue Störungsbild allmählich klärt.

Nichtsdestotrotz bleibt festzuhalten, dass ganz grundsätzliche Punkte offenbleiben. Dies gilt etwa für die nosologische Verortung sowie die zugehörigen diagnostischen Kriterien. Eine weitere wesentliche Frage betrifft den Status internetsüchtigen Verhaltens als eigenständiges Störungsbild beziehungsweise als bloßer Ausdruck einer primär zu Grunde liegenden anderen psychischen Störung. In der Tat konnten verschiedentlich sehr hohe Raten an komorbiden Störungen, die mit Internetsucht einhergehen, dokumentiert werden (z. B. Bischof et al. 2013; Carli et al. 2012). Dies gilt jedoch auch für zahlreiche andere Störungen, insbesondere aus dem Bereich der Abhängigkeitserkrankungen (vgl. z. B. Bischof et al. 2013; Maier et al. 1997), sodass daraus nicht automatisch geschlossen werden sollte, dass Internetsucht lediglich ein untergeordnetes Symptom darstellt. Zudem wissen wir mittlerweile aus ersten – wenn auch wenigen – längsschnittlichen Erhebungen, dass Internetsucht keineswegs ausschließlich vor dem Hintergrund bereits bestehender psychischer Erkrankungen auftritt, sondern selbst die Entstehung komorbider Erkrankungen begünstigen kann (vgl. z. B. Gentile et al. 2011).

Phänomenologisch wird häufig kritisiert, dass der Begriff der Internetsucht irreführend beziehungsweise unpräzise ist. So ist es nicht das Internet selbst, welches ein exzessives bzw. pathologisches oder suchtartiges Verhalten auslöst, sondern vielmehr einzelne Onlineaktivitäten. Ferner muss zwischen Tätigkeiten unterschieden werden, die ausschließlich im Netz exzessiv ausgeführt werden und solchen, die auch außerhalb des virtuellen Raums in unkontrollierter Art und Weise zum Ausdruck kommen, wie etwa Kaufexzesse, die im individuellen Fall sowohl über das Internet als auch im physischen Raum stattfinden oder die Nutzung sowohl von Online- als auch Offline-Casinos (z. B. Pawlikowski et al. 2014; Starcevic 2013; Widyanto und Griffiths 2006; Wölfling und Müller 2010).

Ein wichtiger Schritt wurde mit der Veröffentlichung des DSM-5 (APA 2013) vollzogen. Auf Grundlage der sich rasant mehrenden Forschungsbeiträge zu diesem Thema wurde die Computerspielsucht (bzw. »Internet Gaming Disorder«) als erste Variante internetsüchtigen Verhaltens im Anhang aufgenommen. Hier werden Störungen bzw. Verhaltensauffälligkeiten beschrieben, deren Stellenwert bzw. Charakter als klinische Entität noch nicht gesichert erscheint, so dass weitere Forschungsergebnisse zusammengetragen werden müssen, bevor über ihren weiteren Verbleib zu entscheiden ist. Auch wenn dieses Störungsbild demnach noch nicht mit letzter Gewissheit als

Erkrankung anerkannt ist, ist ein entscheidender Vorteil in der Aufnahme in das DSM-5 darin zu sehen, dass nun verbindliche diagnostische Kriterien vorliegen, die schon jetzt eine bessere Vergleichbarkeit von unterschiedlichen Studien erlauben. Die vorgeschlagenen diagnostischen Kriterien sind jenen des Pathologischen Glücksspiels entlehnt, welches wiederum als substanzungebundene Abhängigkeitserkrankung (Verhaltenssucht) angesehen wird. Somit zeichnet sich eine Einordnung der Internet- und Computerspielsucht als weitere Verhaltenssucht ab. Diese Entscheidung dürfte nicht zuletzt den Ergebnissen neurowissenschaftlicher Studien geschuldet sein, welche auffällige Parallelen zwischen Internetsucht und anderen, substanzungebundenen Abhängigkeitserkrankungen nahelegen (nähere Darstellung ▶ Kap. 4).

Eine entsprechende Verschlüsselung im ICD-10 ist nicht vorhanden. Ersatzweise wird jedoch in einzelnen Fällen auf den Diagnoseschlüssel F63.8 (sonstige abnorme Gewohnheiten und Störungen der Impulskontrolle) zurückgegriffen, wodurch jedoch nicht die phänomenologische Nähe zum Spektrum der Abhängigkeitserkrankungen berücksichtigt werden kann. Wie sich dieser Sachverhalt im für das Jahr 2018 erwarteten ICD-11 darstellen wird, ist derzeit noch nicht absehbar. Angesichts von Prävalenzzahlen in Deutschland von bis zu 2 % (z. B. Bischof et al. 2013; Müller, Glaesmer et al. 2014), dem mit einer Internetsucht verbundenen Leidensdruck für den Betroffenen selbst aber auch für sein soziales Umfeld, sowie der Tatsache, dass jugendliche Symptomträger massiv in ihrem Lebensweg behindert werden, wäre es zweifelsohne wünschenswert, auf einen entsprechenden Diagnoseschlüssel verweisen zu können, um das Beratungs- und Behandlungsangebot für Betroffene so auszugestalten, wie es die Situation erfordert.

Fallvignette 1: Patient mit Computerspielsucht
»Ich sitze eigentlich nur noch vor dem Rechner und spiele, oft auch buchstäblich rund um die Uhr und sogar darüber hinaus. Ich bin mittlerweile nicht nur lustlos, ich bin auch ziemlich ›lebenslos‹.«
Mit diesem Eindruck stellt sich ein 26-jähriger Student der Biologie

in einer auf Internetsucht spezialisierten Ambulanz vor. Der junge Mann wirkt äußerlich jünger, als man es bei seinem biologischen Lebensalter erwarten würde, er ist schlank, trägt legere Freizeitkleidung und zerschlissene Turnschuhe. Auf Fragen antwortet er prompt, jedoch fällt auf, dass seine klar und eloquent artikulierten Antworten mit eher monoton wirkender Stimme vorgebracht werden. Den Blickkontakt vermeidet er zwar nicht, jedoch wirkt er bisweilen in sich gekehrt und richtet den Blick sehr häufig auf den Boden zwischen seinen Füßen.

»Ich habe mich schon als Jugendlicher sehr für Computerspiele aller Art begeistert. Das war bestimmt schon ein Versäumnis meinen Eltern. Bei denen konnte ich eigentlich immer alles durchsetzen, auch dass ich schon mit zwölf oder so eine eigene Spielkonsole und bald darauf einen eigenen Gamer-PC bekommen habe.« In der weiteren Ausführung schildert der Patient, dass er zwar schon als Jugendlicher zu Spielexzessen geneigt habe, dass er aber dennoch immer genügend Struktur erlebt habe, um nicht die Kontrolle über das Verhalten zu verlieren. Er habe immer Freunde gehabt, sei später auch Teil einer größeren Clique gewesen und habe mit großer Begeisterung in einem Jugendverein Fußball, später auch Bogenschießen betrieben. Abgesehen von den schon damals durchweg hohen Spielzeiten von durchschnittlich etwa vier Stunden pro Tag sei die Jugend des Patienten unauffällig verlaufen. Erst im Alter von 17 Jahren, als die Computerspielzeiten zunehmend exzessiv wurden und sich der Patient aus anderen Lebensbereichen (Freundeskreis, Sport) allmählich zurückzuziehen begann, sei ein akuter Handlungsbedarf erwachsen. In der Schule sei es zusätzlich zu einem massiven Leistungsabfall gekommen, der Patient habe hohe Fehlzeiten im Unterricht aufgewiesen und hierdurch sei das Abitur akut in Gefahr gewesen, was einen massiven Konflikt mit den Eltern zur Folge gehabt habe. Nach Absprache mit der Schulleitung wurde sich darauf geeinigt, das Schuljahr zu wiederholen, um das Abitur doch noch zu absolvieren. Als Auflage wurde mit dem Patienten besprochen, sich wegen der exzessiven Computerspielnutzung in psychosoziale Beratung zu begeben. Unter dem Druck

der Eltern sowie des zuständigen Sozialarbeiters an der Schule habe der Patient eingewilligt, ein Erstgespräch zur Abklärung einer vermuteten Computerspielsucht wahrzunehmen. »*Ich hab' es aber eigentlich nicht eingesehen. Meine Freunde haben ja auch immer alle gespielt, auf die Schule, mit Abi und so, hatte ich damals einfach keine Lust. Ich bin da nur hin, um wieder meine Ruhe zu haben – das war, wenn ich mir das heute angucke, wohl nicht so schlau.*« Nach dem Erstgespräch wurde eine Empfehlung für die Teilnahme an einem ambulanten Beratungsprogramm wegen exzessiver Computerspielnutzung ausgesprochen, welches der Patient jedoch nach drei Sitzungen abgebrochen habe. Dennoch sei es ihm in der Folge unter der Mithilfe seiner Eltern gelungen, die Computerspielzeiten zumindest zu reduzieren und das Abitur zu absolvieren.

»*Über die Zusage des Studienplatzes habe ich mich eigentlich gefreut und auch darauf, auszuziehen und was Eigenes zu machen, eben selbständig zu sein. Ein halbes Jahr hat das auch ganz gut geklappt – und dann kam mir das Computerspielen wieder in die Quere.*« Nach Aufnahme des Erststudiums (Chemie) und dem Bezug einer eigenen Einzimmerwohnung in einer anderen Stadt gelang es dem Patienten nicht, sich an die veränderten Lebensumstände anzupassen. Die Hochschulabläufe erschienen dem Patienten intransparent, Gefühle der Überforderung entstanden, vertiefte Kontakte zu Kommilitonen konnten nicht geknüpft werden und auch der zuvor gefasste Plan, sich passende Angebote aus dem Hochschulprogramm herauszusuchen, wurde nicht umgesetzt. »*Mir war alles zu viel. Ich saß dann nach dem Uni-Tag in meiner Wohnung und wusste nichts mit mir anzufangen. Am Anfang hatte ich meine Accounts für Online-Spiele ja alle deaktiviert, aber die lassen sich ja immer wieder herstellen und mein großer Fehler war, dass ich dann genau das gemacht habe.*« In der Folge seien die täglichen Spielzeiten wieder rasch auf ein exzessives Maß angestiegen. Der Patient habe sich ausschließlich zwischen seiner Wohnung und dem Campus bewegt, die wenigen neugeknüpften Sozialkontakte habe er schleifen lassen und keine Anstalten mehr unternommen, im neuen Umfeld Fuß zu fassen. In der Universität besuchte er nur noch Seminare mit Anwesenheitspflicht, in der Annahme, den übrigen Stoff eigenständig zu Hause aufarbeiten zu können. Die Lehrbücher und Skripte hätten sich jedoch ungelesen in einer Ecke seines unfertig eingerichteten Apartments gestapelt. Nach dem Nichtbestehen einiger Klausuren entschloss sich der Patient, das Semester abzuschreiben und die Besuche an der Universität vorläufig ganz einzustellen. Seinen Eltern gegenüber gab er an, dass er gut vorankomme und alle Scheine des ersten Semesters erhalten habe. Finanziell wurde er von den Eltern durch monatliche Überweisungen versorgt und da er nicht viel Geld brauchte, genügte ihm dies, um über die Runden zu kommen. Das vorzeitig beendete Semester und die momentane Freiheit von allen Pflichten rechtfertigten für den Patienten, dass das Computerspielen nun nochmals intensiver wurde. *»Ich sagte mir, dass ich sowieso nichts anderes zu tun hätte und dann ebenso gut etwas machen könnte, das mir Spaß macht. Das Problem ist, dass ich irgendwann gemerkt habe, dass das Spielen eigentlich nur noch selten Spaß macht – es war eher die Erinnerung daran, dass es mal schön war, die mich bei der Stange hielt – und Frust darüber, dass ich keinen Schritt weitergekommen war, meine Eltern belog und eigentlich nichts aus mir machte.«*

Im zweiten Semester brach der Patient das Studium ab und schrieb sich stattdessen für Biologie ein. In der Zeit bis zum Beginn des neuen Semesters veränderte sich nicht viel, die Spielzeiten beliefen sich zu diesem Zeitpunkt auf bis zu zwölf Stunden pro Tag. Er spielte bis tief in die Nacht hinein, schlief oft bis in die Nachmittagsstunden und verließ sein Apartment nur für Einkäufe. Zu Beginn des neuen Semesters gelang es dem Patienten, sich – auch nach einem klärenden Gespräch mit seinen Eltern über die veränderte Situation – wieder zu einer geregelten Tagesstruktur »*zu zwingen*«. Er besuchte alle Lehrveranstaltungen, verspürte Motivation für das Studium und hatte insgesamt das Gefühl, dass er nun besser angekommen war. *»Mit den Kommilitonen lief es trotzdem nicht wirklich rund. Ich war zwar schon immer eher etwas* *zurückhaltend, aber nun habe ich mich regelrecht sozial eingerostet gefühlt. Das hat es nicht gerade leichter gemacht.*« Einen Rückschlag in seinen Bemühungen erlebte der Patient, als er die Anmeldefrist für ein Praxisseminar versäumt hatte, wodurch er für einige weiterführende Seminare des Folgesemesters nicht zugelassen wurde. Als Reaktion hierauf wurden die zuvor reduzierten Computerspielzeiten erneut exzessiver und es erfolgte ein neuerlicher sozialer Rückzug. Der Entschluss, sich in der psychosozialen Beratungsstelle der Universität vorzustellen, wurde gefasst, nachdem der Patient bemerkt hatte, dass er sich zunehmend weniger auf studienrelevante Inhalte konzentrieren kann, Lernpausen immer mehr ausdehnt und mit längeren Spielrunden füllt sowie gedanklich nicht mehr vom Spiel abschalten kann.

Fallvignette 2: Patient mit generalisierter Internetsucht
Im Rahmen der Beantragung einer ambulanten Rehabilitation stellt sich ein 47-jähriger Mann vor. Anlass des Rehabilitationsersuchens sind seit etwa vier Jahren anhaltende exzessive Onlinezeiten von durchschnittlich acht Stunden pro Tag. Der geschiedene Patient und Vater von drei Kindern berichtet von mehreren gescheiterten Versuchen, den lange Zeit als ich-synton und unproblematisch erlebten Konsum einzuschränken. Als assoziierte Problemlagen benennt der Patient einen inzwischen merklich reduzierten Kontakt zu seinen Kindern im Rahmen der nach der Scheidung vereinbarten Besuchszeiten, ein seiner Einschätzung nach vollständiger Interessenverlust, fortschreitende soziale Isolation, Schlafstörungen und eine inzwischen desolate Perspektive im beruflichen Bereich. Der Patient berichtet, als Controller in einem Verlag zu arbeiten und bis vor einigen Jahren ein sehr engagierter Mitarbeiter gewesen zu sein, der regelmäßig befördert wurde und schnell eine Führungsposition erreichte. Seit etwa zwei Jahren fühle er sich jedoch zunehmend unkonzentriert, weniger belastbar als früher und kaum noch motiviert, Aufgaben zu übernehmen, die nicht unmittelbar innerhalb seiner Zuständigkeit liegen.

Hinsichtlich der Internetnutzung gibt der Patient an, unterschiedlichsten Onlineaktivitäten extrem viel Zeit zu widmen. Er habe mehrere aktive Accounts bei verschiedenen sozialen Netzwerken und Kommunikationsplattformen, auf denen er regelmäßig Einträge zu unterschiedlichen Themenfeldern, hauptsächlich tagesaktuelle Nachrichten, Fotografie und Wirtschaftsthemen poste. Er habe auf seinen wichtigsten Plattformen zahlreiche Abonnenten und erachte es als wichtiges Erfolgserlebnis, wenn er auf seine Posts und Blogeinträge positive Resonanz seitens der Community erhalte. Er habe sogar schon beim ziellosen Surfen zufällig Zitate, die seinen Blogs und Kommentaren entnommen waren, auf anderen Internetseiten entdeckt und dies als große persönliche Bestätigung für seinen Anklang in der Community aufgefasst. Die Bewegungen von Besuchern auf seinen Profilseiten beobachte er sehr genau und es sei ihm ein Anliegen, Merkmale von Beiträgen und anderen Posts zu identifizieren, die eine besonders große Resonanz zur Folge hätten. Er mache sich inzwischen über jedes einzelne Wort seiner Beiträge Gedanken, wäge Formulierungen ab und stelle manchmal richtiggehende Hypothesen auf, wie die Community wohl reagieren würde.

Daneben sei er selbst ebenfalls Abonnent von zahlreichen anderen Personen, die aktiv Beiträge verfassen und in der Community veröffentlichen. Er erhalte automatisch Benachrichtigungen über sein Mobiltelefon, wenn auf einer der abonnierten Seiten neuer Inhalt veröffentlicht werde und könne dann stets der Versuchung nicht widerstehen, die neuen Beiträge direkt aufzurufen, aufmerksam durchzulesen und gegebenenfalls unmittelbar mit einem eigenen Beitrag darauf Bezug zu nehmen.

Als weiteren problematisch erlebten Punkt ergänzt der Patient, dass er darüber hinaus im Internet zu vielerlei Themen recherchiere. Er komme dabei in der Regel »*vom Stöckchen aufs Hölzchen*«, lese sich zunächst einen konkreten Beitrag oder eine tagesaktuelle Nachricht durch, entdecke dann ein Schlagwort, das ihn interessiere, recherchiere zu diesem Schlagwort weiter, wo er auf weitere Aspekte desselben Themas stoße und so setze sich diese

»*Odyssee durch den virtuellen Weltraum*« fort, ohne dass der Patient merke, wie um ihn herum die Stunden vergehen.

Neben der Zeit, die der Patient objektiv mit dem Konsum von Internetinhalten verbringt und die ihn nicht nur von der Erfüllung alltäglicher Pflichten abhalte, sondern auch zuvor als angenehm empfundene Lebensbereiche verdrängt habe (z. B. regelmäßige Treffen mit seinem Freundeskreis, Unternehmungen mit seinen Kindern), leide der Patient insbesondere auch darunter, dass er es nicht schaffe, sich gedanklich von der virtuellen Welt zu lösen. Er fühle sich die meiste Zeit über fahrig und rastlos, schaffe es kaum noch, sich auf arbeitsbezogene Angelegenheiten zu konzentrieren und sehne sich danach, sich so schnell wie möglich wieder in die virtuelle Weite zurückziehen zu können.

Als Therapieziele im Rahmen der ambulanten Rehabilitation benennt der Patient, in sein altes Leben vor der wahllosen und exzessiven Internetnutzung zurückfinden zu wollen. Insbesondere die Wiederaufnahme des Kontakts zu seinem früheren Freundeskreis sei ihm ein Anliegen. Insgesamt wolle er sein Leben auch wieder »balancierter« gestalten, insbesondere wolle er wieder Energie für alternative Freizeitinteressen aufbringen können sowie die alte Freude an diesen Aktivitäten zurückgewinnen. Hinsichtlich der Internetnutzung zeigt sich der Patient zunächst ratlos. Vor dem Hintergrund des bei ihm zu verzeichnenden sehr diffusen Nutzungsmusters stelle sich ihm die Frage, inwieweit es heutzutage überhaupt möglich ist, auf das Internet verzichten zu können.

Fallvignette 3: Patient mit Online-Sexsucht
Ein 41-jähriger leitender Angestellter aus der Immobilienbranche stellt sich in der Spezialsprechstunde einer psychosozialen Beratungsstelle vor. Anlass für die Konsultation ist ein heftiger Streit mit seiner Partnerin, der sich vor wenigen Tagen ereignet und zu einer vorübergehenden Trennung geführt hat. Der Patient hat seitdem ein Hotelzimmer bezogen. Der Patient, welcher im Erstgespräch einen flachen Affekt erkennen lässt, tendenziell verlangsamt artikuliert und gestikuliert und in der Stimme wenig Schwin-

gung erkennen lässt, berichtet, dass es zu der Auseinandersetzung gekommen sei, nachdem er von einer mehrtägigen Geschäftsreise zurück nach Hause gekommen sei. In seiner Abwesenheit habe seine Partnerin seinen Laptop benutzt, da ihr eigener defekt gewesen sei. Im Browserverlauf seien der Partnerin ungewöhnliche Webseiten aufgefallen, die allesamt zu Archivseiten mit pornographischem Material verwiesen. Die Partnerin habe daraufhin gezielt auf dem Laptop des Patienten Ordner nach entsprechenden Inhalten durchsucht und sei auf ein immenses Archiv pornographischer Dateien, sowohl Bild- als auch Videomaterial mit unterschiedlichsten pornographischen Inhalten gestoßen. Nach seiner Rückkehr habe der Patient sofort bemerkt, dass etwas nicht stimme. Die Partnerin habe ihn schließlich mit ihrem Fund konfrontiert, worauf er zunächst mit Ausflüchten (»*Erstmal habe ich behauptet, dass das nicht von mir stammen kann, dass das nur von einem Trojaner, Virus oder so verursacht worden sein kann*«), schließlich mit zunehmender Gereiztheit reagierte (»*Ich habe mich in die Ecke gedrängt gefühlt, war panisch und bin dann immer wütender geworden*«). Bevor der Streit vollends eskaliert sei, habe er die gemeinsame Wohnung fluchtartig verlassen und sei eine Nacht bei einem Freund untergekommen. In der Zwischenzeit hätten mehrere Treffen zwischen dem Patienten und der Partnerin stattgefunden, die zwar nicht weiter eskaliert seien, jedoch ebenso wenig zu einer zufriedenstellenden Klärung beigetragen hätten.

Der Patient berichtet als Reaktion auf den Zwischenfall vor allem von ausgeprägten Schuld- und Schamgefühlen. Diese gründeten sich einerseits darauf, dass er über Jahre seine Partnerin nach eigener Einschätzung »*irgendwie betrogen*« habe, andererseits darauf, dass der älteste seiner beiden Söhne (zehn und sechs Jahre alt) die Auseinandersetzung der Eltern mitbekommen habe und nun den Kontakt zu ihm verweigere.

In den Tagen danach habe der Patient sehr viel Zeit gehabt, über seine Situation, die Gründe für die Eskalation sowie sein Internetnutzungsverhalten der vergangenen Jahre zu grübeln. Um den Verlauf der Nutzung von onlinepornographischem Material für

1 Einleitung

sich nachvollziehbar zu machen, hat der Patient in diesen Tagen eine Chronologie der Nutzung verschriftlicht, welche er im Erstgespräch dabei hat. Er gibt an, dass er sich schon als Junge früh für derartige Erzeugnisse interessiert habe und wohl im Alter von etwa 12 oder 13 Jahren »*geheime Streifzüge*« zu den Müllcontainern des Wohnblocks, in welchem er mit seinen Eltern lebte, unternommen habe, da er in einem von ihnen per Zufall sein erstes Pornoheft gefunden habe. Es sei für ihn immer eine lustvolle Vorspannung gewesen, wenn er sich in den Abendstunden zu den Containern begeben habe, und die zwar seltenen, aber doch regelmäßigen Funde von Magazinen hätten ihn damals regelrecht »*elektrisiert*« und seien stets von exzessivem Masturbieren begleitet gewesen.

In den Jahren nach der Pubertät sei dieses Verhalten weniger zentral gewesen. Der Patient habe sich vielmehr auf einen guten Schulabschluss konzentriert und als er im Alter von 19 Jahren seine erste Beziehung und – damit verbunden – die erste sexuelle Erfahrung im zwischenmenschlichen Bereich gemacht habe, sei das Verlangen nach zusätzlicher sexueller Stimulation und Masturbation schließlich ganz in den Hintergrund getreten.

Erst nach der Trennung von der damaligen Freundin und der Aufnahme seines Studiums (Betriebswirtschaftslehre und Politikwissenschaften mit Magisterabschluss) im Alter von 21 Jahren habe er »*seine vergessene Welt der Pornomagazine*« wiederentdeckt. Bald darauf habe der Patient entdeckt, dass es mit dem Aufkommen des Internets nun für ihn möglich war, auf große Mengen sexuellen Materials zuzugreifen, ohne sich dafür in bestimmte Geschäfte oder entlegene Tankstellen begeben zu müssen und den Kauf direkt zu tätigen – eine Situation, die er schon immer als peinlich erlebt habe. So habe er im jungen Erwachsenenalter ganze Tage und Nächte auf der Suche nach immer neuen pornographischen Darstellungen verbracht und dabei die gleiche aufgeregte Spannung erlebt wie in seiner Jugendzeit. Es sei für ihn schon damals schwierig gewesen, den Konsum bewusst zu unterbrechen bzw. den Punkt zu finden, an dem er das Gefühl habe, »*nun sei es auch genug*«. Es sei gerade die Fülle des plötzlich zur Verfügung stehenden Materials gewesen sowie die Neugier, auf anderen Seiten gänzlich unentdecktes Material aufzustöbern, das ihn »*regelrecht getrieben*« habe. Rückblickend erinnert sich der Patient, dass er sich nach derartigen Marathonsitzungen im Internet völlig ausgelaugt und übernächtigt gefühlt habe. In Zeiten, die für ihn im Studium besonders beanspruchend waren, sei das Verlangen, sich in die virtuelle Welt des Sex zurückzuziehen, »*zu verkriechen*«, wie es der Patient nennt, besonders übermächtig gewesen. Er habe es dennoch durch »*eiserne Disziplin*« geschafft, sich auf die wichtigsten Prüfungen soweit vorzubereiten, dass es meistens »*gerade so gereicht*« habe.

Gegen Ende des Studiums habe er seine aktuelle Lebensgefährtin kennengelernt. Es sei damals »*Liebe auf den ersten Blick*« gewesen und ähnlich wie vor Jahren sei das Verlangen nach Onlinepornographie schlagartig verschwunden; zumindest in den ersten Jahren der Beziehung. Es gebe dem Patienten trotz intensiver Beschäftigung mit den möglichen Gründen Rätsel auf, wie es zu einer Rückkehr in alte Verhaltensmuster habe kommen können. In sexueller Hinsicht habe er keinen Grund zur Beschwerde gehabt, das Sexleben mit seiner Partnerin sei stets erfüllend gewesen und daran habe auch die Geburt der Kinder sowie die damit verbundene familiäre und auch berufliche Mehrbelastung nichts verändert. Er habe somit nie das Gefühl gehabt, dass sexuelle Bedürfnisse unbefriedigt geblieben wären oder er Wünsche nicht habe äußern können. Dennoch habe er vor etwa drei Jahren wieder begonnen, auf Internetseiten mit sexuellen Inhalten zuzugreifen und Material, das er als besonders ansprechend erlebt habe, zunächst auf einer separaten, externen Festplatte zu archivieren. Die Zugriffe seien zunächst nur dann erfolgt, wenn seine Partnerin nicht zu Hause gewesen sei, später sei es auch am Arbeitsplatz immer häufiger vorgekommen, dass er »*zwischendurch und in unbeobachteten Momenten*« Onlinepornographie konsumiert habe. Es sei dann auch vorgekommen, dass er nach Feierabend noch alleine im Büro geblieben sei. Seiner Partnerin habe er dies mit einem höheren Arbeitsaufkommen erklärt. Gemeinsame Familienunternehmungen in der Freizeit habe er immer häufiger – unter Vorschub der gleichen Erklärungen – vermieden, um zu Hause an seinem Laptop ungestört auf Pornoseiten surfen zu können und dabei zu masturbieren. Er habe immer wahlloser nach immer neuen Onlinearchiven gefahndet und immer mehr Material als Download abgespeichert. Da er sich zudem auf immer mehr kostenpflichtigen Seiten angemeldet habe, habe er ein separates Konto eröffnet, von dem seine Frau bis heute keine Kenntnis besitze, und die Transaktionen von dort geregelt. Nach einer ersten Schätzung habe er monatlich etwa 300 Euro für diese abonnierten Bezahlseiten ausgegeben, ein Betrag, der mit der aktuellen Familiensituation und dem Hauskauf vor vier Jahren eigentlich nicht wirklich gut vereinbar sei.

Der Patient habe schließlich immer häufiger eine unspezifische innere Unruhe verspürt, die oftmals so drängend geworden sei, dass er ihr mit dem Aufruf von Onlinesexseiten begegnet sei, wodurch er nach eigener Einschätzung Entspannung in der »*kleinen privaten Parallelwelt*« gefunden habe. Insbesondere in den späten Abendstunden habe der Patient im Bett keinen Schlaf gefunden. Regelmäßig hätte es sich dann ergeben, dass er nachts wieder aufgestanden sei, um sich heimlich in sein Arbeitszimmer zurückzuziehen und dort auf Pornoseiten zu surfen.

2
Epidemiologie

Die epidemiologische Forschung zur Internet- und Computerspielsucht stellt sicherlich das am weitesten fortgeschrittene Forschungsfeld zu diesem Bereich dar. Schon seit Mitte der 2000er Jahre wurden erste Prävalenzschätzungen veröffentlicht, welche jedoch nicht immer den methodischen Standards entsprachen. So verwundert es zum Beispiel nicht, dass in Studien, die ausschließlich auf nicht näher definierten Online-Stichproben basieren, im Gegensatz zu Erhebungen, die über konkrete Stratifizierungspläne eine repräsentative Abbildung der Bevölkerung in Bezug auf Bildung, Schicht und regionaler Verteilung erlauben, teilweise unrealistisch hohe Prävalenzzahlen gefunden wurden. Einen weiteren Schwachpunkt dieser Studien stellt die teilweise sehr heterogene Operationalisierung des Konstrukts Internetsucht dar. Da erst im Jahre 2013 durch die American Psychiatric Association (APA 2013) verbindliche Kriterien – zumindest für die Computerspielsucht – veranschlagt wurden, basiert die Einteilung des Internetverhaltens in zuvor veröffentlichten Studien auf mehr oder weniger voneinander abweichenden Kriterien, was sich nicht nur auf die Vergleichbarkeit der einzelnen Studienergebnisse abträglich auswirkt, sondern eben auch auf die Validität der jeweils gefundenen Prävalenzrate. Tabelle 1 beinhaltet eine Auswahl der neueren epidemiologischen Studien an unterschiedlichen Stichproben. Auf den folgenden Seiten werden einzelne Befunde aus diesen Erhebungen gesondert diskutiert, wobei zunächst die für Deutschland maßgeblichen Befunde aus Erhebungen an der Allgemeinbevölkerung beschrieben werden, bevor speziell auf Untersuchungen an Jugendlichen eingegangen wird.

2.1 Epidemiologie der Internetsucht in der Allgemeinbevölkerung

Ungeachtet der oben genannten Kritikpunkte bleibt positiv hervorzuheben, dass sich im Laufe der Jahre die Qualität der epidemiologischen Studien deutlich erhöht hat und somit für verschiedene Kulturräume fundierte Prävalenzschätzungen anhand repräsentativer Bevölkerungsstichproben vorliegen. Für Deutschland veröffentlichen Rumpf und Kollegen (2013) die bislang umfangreichste Prävalenzerhebung zur Internetsucht. Die Daten der für Deutschland repräsentativen Stichprobe wurden über computergestützte Telefoninterviews (CATI) eingeholt. Zur Klassifikation des Internetnutzungsverhaltens wurde auf ein validiertes Fragebogenverfahren (Compulsive Internet Use Scale; Meerkerk et al. 2009) zurückgegriffen. In ihrer auf insgesamt 15.023 Personen (Altersspanne: 14–64 Jahre) aus der Allgemeinbevölkerung beruhenden Untersuchung bezifferten die Autoren die Prävalenz auf 1,0 % mit

2.1 Epidemiologie der Internetsucht in der Allgemeinbevölkerung

Tab. 1: Auswahl epidemiologischer Erhebungen mit ausreichender methodischer Qualität zur Epidemiologie der Internetsucht.

Land	Autoren	Messinstrument	Stichprobe	Prävalenz
Deutschland	Rumpf et al. (2013)	Compulsive Internet Use Scale	15.023 (14–64 Jahre)	1,0 %
Deutschland	Müller, Glaesmer et al. (2014)	Skala zum Onlinesuchtverhalten	2.512 (14–95 Jahre)	2,1 %
Deutschland	Festl et al. (2013)	Game Addiction Scale (Computerspielsucht)	4.500 (14–90 Jahre)	0,2 %
Deutschland	Müller, Dreier et al. (2017)	Skala zum Onlinesuchtverhalten	9.294 (12–19 Jahre)	2,6 %
Niederlande	Haagsma et al. (2012)	Game Addiction Scale Computerspielsucht	902 (14–81 Jahre)	1,3 %
USA	Aboujaoude et al. (2006)	8 diagnostische Fragen	2.513 (ab 18 Jahre)	0,3–0,6 %
Deutschland	Bischof et al. (2013)	Compulsive Internet Use Scale	2.937 (14–24 Jahre)	2,4 %
Europa	Müller et al. (2015)	Skala zum Computerspielverhalten	12.938 (14–17 Jahre)	1,6 %
Deutschland	Rehbein et al. (2010)	Computerspielabhängigkeitsskala (Computerspielsucht)	15.168 (M=15.3 Jahre)	3,3 %
Taiwan	Lin et al. (2011)	Internet Addiction Test	3.616 (Jugendliche)	15,3 %

weiteren 4,5 %, die als gefährdet eingestuft wurden, also die Kriterien der Internetsucht zumindest partiell erfüllten. Wie in vielen anderen Studien auch, ergaben sich relativ klare Alterseinflüsse mit deutlich höheren Prävalenzraten für Jugendliche und junge Erwachsene. In der Gruppe der 14- bis 24-Jährigen belief sich die Prävalenz auf 2,4 %, bei den 14- bis 16-Jährigen sogar auf 4,0 %. Insgesamt wurden nur

2 Epidemiologie

geringe Geschlechtsunterschiede gefunden (1,2 % männliche und 0,8 % weibliche Betroffene). Zwar wurde das globale Konstrukt der Internetsucht erhoben, jedoch konnte anhand der Abfrage der hauptsächlich ausgeführten Onlineaktivitäten auch annäherungsweise eine Differenzierung der Form des internetsüchtigen Verhaltens bestimmt werden, welche auf Geschlechtsdifferenzen schließen ließ. So erwies sich bei männlichen Befragten, dass hier insbesondere Online-Computerspiele mit dem Suchtverhalten in Zusammenhang standen, gefolgt von onlinepornographischen Plattformen, während bei weiblichen Teilnehmern entsprechende Einflüsse durch die Nutzung sozialer Netzwerke zu verzeichnen waren.

Zu ganz ähnlichen Ergebnissen kommt eine im selben Zeitraum veröffentlichte Studie, welche ebenfalls nach repräsentativen Standards konzipiert war, jedoch eine deutlich kleinere Stichprobe von ca. 2.500 Personen umfasste (Müller, Glaesmer et al. 2014). Die Gesamtprävalenz (12-Monatsprävalenz) belief sich hier auf 2,1 % und auch hier fanden sich höhere Betroffenenzahlen unter jüngeren Befragungsteilnehmern.

In beiden für Deutschland repräsentativen Erhebungen wurden neben den Prävalenzschätzungen auch weitere soziodemographische Einflussfaktoren berücksichtigt. Die Gruppe derjenigen, welche die Kriterien der Internetsucht erfüllten, zeichnete sich insgesamt durch eine etwas geringere Schulbildung aus und auch die Arbeitslosenzahlen waren in dieser Gruppe erhöht. Weiter erwies sich einmal mehr, dass Internetsucht mit einer geringeren sozialen Einbindung in Zusammenhang steht; die Gruppe der internetsüchtigen Personen war signifikant häufiger ledig und partnerlos.

Vertiefung

Eine wichtige Ergänzung der Studienergebnisse von Rumpf und Kollegen (2013) wurde von derselben Forschergruppe (Bischof et al. 2013) ein Jahr nach der erstmaligen Befragung vorgelegt. Die Forschergruppe trug der wiederholt vorgebrachten Kritik an der Zuverlässigkeit von Fragebogenerhebungen Rechnung und führte an Befragungsteilnehmern, welche im zuvor eingesetzten Screeninginstrument für Internetsucht (CIUS; Meerkerk et al. 2009) auffällige Werte erzielt hatten, eine Nachbefragung in Form eines face-to-face-Interviews durch. Hier wurden die klinischen Kriterien der Internetsucht nochmals im Detail und mit höherer diagnostischer Validität erfragt. Die Datenauswertung unterstrich, dass die zuvor auf Fragebogenebene gewonnenen Befunde zur Prävalenz haltbar blieben, sich also auch unter Anwendung feinkörnigerer Verfahren bestätigen ließen. Eine weitere Stärke dieser Nacherhebung ist zudem darin zu sehen, dass weitere klinische und psychosoziale Variablen erhoben wurden, wie etwa komorbide psychische Erkrankungen und durch die Internetsucht bedingte Krankheitstage. So konnte auch für den deutschen Sprachraum bestätigt werden, dass die Häufigkeit komorbider Störungen bei Personen mit Internetsucht erheblich ausfällt. Insgesamt wiesen 72 % der internetsüchtigen Befragten mindestens eine weitere Störung auf (vornehmlich aus dem Spektrum der affektiven Störungen). Unerwartet fielen die Befunde zu den Arbeitsausfalltagen aus. Hier gaben Personen mit Internetsucht an, pro Jahr auf Grund der Internetsucht durchschnittlich 5,6 Tage arbeitsunfähig zu sein. Vergleicht man diesen Wert mit Befunden aus Studien zu anderen Störungsbildern, zeigt sich, dass Internetsucht offensichtlich mit ganz erheblichen beruflichen Einschränkungen in Zusammenhang steht und diese zum Teil höher ausfallen als zum Beispiel bei Patienten mit affektiven Störungen (hier: 4,1 Fehltage, vgl. Alonso et al. 2011).

Trotz dieser zweifellos wichtigen Erkenntnisse bleibt eine zentral erscheinende Frage offen. Beide Erhebungen beziffern den Anteil an weiblichen Betroffenen als substanziell und annähernd so hoch wie jenen der männlichen Symptomträger. Dennoch sind in Fachstellen, Spezialambulanzen und Kliniken weibliche Patienten mit Internetsucht nach wie vor die Ausnahme. Zum Beispiel geben Beutel und Kollegen (2011) in ihrer Klientelbeschreibung an, dass 96 % der Inanspruchnehmer eines ambulanten Beratungs- und Behandlungsangebots für Internetsucht männlich waren. Eine fünf Jahre später veröffentlichte Folgeerhebung zur Klientenstruktur jugendlicher Inanspruchnehmer derselben Einrichtung beziffert den Anteil männlicher Patienten vergleichbar hoch auf 94 % (Müller et al. 2017).

Die Ergebnisse verschiedener Studien deuten an, dass weibliche Betroffene mit Internetsucht eine vergleichbar hohe Belastung durch assoziierte Symptome (z. B. Ängstlichkeit und Depressivität) erleben wie männliche Personen. Daraus lässt sich schließen, dass die Tatsache, dass sich Frauen deutlich seltener im Hilfesystem vorstellen, nicht mit einem geringeren Leidensdruck in Zusammenhang stehen kann, sondern andere Ursachen haben muss. Eine – bislang jedoch nicht empirisch überprüfte – Hypothese lautet, dass weibliche Betroffene unter Umständen über längere Zeit ein höheres psychosoziales Funktionsniveau aufrechterhalten können und somit vom sozialen Umfeld, welchem eine zentrale Rolle bei der Entwicklung einer Problemeinsicht und Behandlungsmotivation zukommt, erst später als krank erkannt werden (vgl. hierzu auch Kuss et al. 2014).

Eine gewisse Sonderrolle nimmt eine weitere Studie an Personen aus Deutschland, die Erfahrungen mit Computerspielen hatten, ein. In ihrer Erhebung, die speziell auf die Bestimmung der Prävalenz von Computerspielsucht abzielte, an 4.500 repräsentativ gezogenen Bundesbürgern (Altersspanne: 14–90 Jahre), berichten Festl und Kollegen (2013) eine deutlich geringere Prävalenz von 0,2 %; weitere 3,7 % der Stichprobe wurde als gefährdet eingestuft. Unter den Betroffenen fanden sich deutlich mehr Männer als Frauen, was sicherlich darüber erklärbar ist, dass ausschließlich Computerspielsucht erhoben wurde und nicht weitere Formen der Internetsucht, wie etwa die suchtartige Nutzung von sozialen Netzwerken. Ein kleines Rätsel hingegen bleibt die im Vergleich zu Vorgängerstudien deutlich niedrigere Prävalenz. Eine mögliche Erklärung könnte lauten, dass das Studiendesign vergleichsweise rigide Klassifikationskriterien vorsah: Es wurden sieben der neun im DSM-5 aufgeführten Kriterien operationalisiert und alle sieben Kriterien mussten erfüllt sein, um das Computerspielverhalten als suchtartig auszuweisen. Im Gegensatz zu früheren Studien und insbesondere zu der von der American Psychiatric Association im DSM-5 (2013) geforderten Schwelle von fünf aus neun Kriterien (▶ Kap. 8) wurde hier also mit einem sehr strikten klinischen Grenzwert gearbeitet, der von den Autoren bedauerlicherweise in der Publikation nicht wirklich diskutiert wird. Dennoch sind die weiteren Befunde dieser Arbeit nicht uninteressant. So konnten beispielsweise die zuvor anhand kleinerer Stichproben gefundenen Zusammenhänge zwischen Computerspielsucht und verminderter sozialer Kompetenz sowie schlechter sozialer Integration untermauert werden.

> **Vertiefung: Birgt die Nutzung sozialer Netzwerke gerade bei Frauen und Mädchen eine Suchtgefahr?**
> In ihrer oben vorgestellten Zweitbefragung von Bischof und Kollegen (2013) gelang es den Autoren, das globale Konstrukt Internetsucht vor allem auf zwei Onlineaktivitäten zurückzuführen: zum einen auf den Konsum von Online-Computerspielen, der insbesondere Männer betraf, und zum anderen auf die Nutzung von sozialen Netzwerken, welche in der Hauptsache bei weiblichen Betroffenen zu beobachten war. In einer großen Stichprobe von über 9.000 Jugendlichen gingen Müller, Dreier und Kollegen (2016) diesem Befund näher nach. Sie konnten gerade unter den Mädchen signifikante Zusammenhänge zwischen der Häufigkeit der Nutzung von sozialen Netzwerken und den von der APA (2013) vorgeschlagenen Suchtkriterien feststellen, insbesondere hinsichtlich der Kriterien Kontrollverlust, gedankliche Eingenommenheit und Interessenverlust. Außerdem konnte gezeigt werden, dass unter denjenigen Jugendlichen, die angaben, soziale Netzwerke »sehr oft« zu nutzen, die Prävalenzraten für internetsüch-

> tiges Verhalten deutlich höher ausfielen als unter Gelegenheitsnutzern. Worin genau das Suchtpotenzial von sozialen Netzwerken besteht, ist allerdings eine bislang noch nicht hinreichend untersuchte Frage.

2.2 Epidemiologie der Internetsucht unter Jugendlichen

Wie weiter oben angeklungen, finden sich im Kindes- und Jugendalter in allen wesentlichen Untersuchungen zum Teil deutlich erhöhte Prävalenzraten für Internet- und Computerspielsucht. In einer ersten Repräsentativerhebung zur Computerspielsucht unter deutschen Jugendlichen ermittelten etwa Rehbein und Kollegen (2010) eine Prävalenz von 3,3 % mit einer klar höheren Rate an betroffenen männlichen Jugendlichen (3,0 % männliche und 0,3 % weibliche Jugendliche). Auch Studien, die das allgemeine Konstrukt der Internetsucht zum Ziel hatten, weisen auf erhebliche Zahlen Betroffener hin, die als internetsüchtig klassifiziert werden müssen. So wiesen etwa Müller und Kollegen (2017) in ihrer Erhebung an ca. 9.000 deutschen Jugendlichen im Alter zwischen 12 und 19 Jahren eine Prävalenz von 2,6 % nach. Auf soziodemographischer Ebene ließ sich lediglich feststellen, dass betroffene Jugendliche seltener das Gymnasium besuchten. Bedeutsame Unterschiede hinsichtlich Geschlecht (2,9 % betroffene Jungen und 2,3 % betroffene Mädchen) oder Alter konnten hingegen nicht gefunden werden. In allen erhobenen Dimensionen, die das Ausmaß erlebter psychosozialer Belastung abbilden, wiesen Jugendliche mit Internetsucht deutlich höhere Werte auf als Jugendliche, die das Internet zwar regelmäßig, jedoch nicht suchtartig nutzten. Dieser inzwischen mehrfach replizierte Befund unterstreicht, dass Internetsucht eben nicht bloß ein missverstandenes, intensiv betriebenes Freizeitverhalten darstellt, sondern dass dem Verhalten

Problemwert beizumessen ist und es durch einen bestehenden Leidensdruck charakterisiert werden kann.

Schließlich konnte in einer weiteren vergleichenden Repräsentativerhebung unter Jugendlichen aus sieben verschiedenen Ländern Europas eine Prävalenz für Computerspielsucht von 1,6 % (mit weiteren 5,1 % der Jugendlichen, deren Computerspielnutzung problematische Züge aufwies) bestimmt werden (Müller et al. 2015). Auch hier wiesen die Autoren eine ausgeprägte allgemeine und spezielle Symptombelastung unter den betroffenen Jugendlichen nach, die sich insbesondere in hohen Depressions- und Angstwerten (vor allem bei betroffenen Mädchen) und sozialen Verhaltensauffälligkeiten (hohe soziale Gehemmtheit und Schüchternheit) manifestierte.

2.3 Internetsucht – ein zeitstabiles Gesundheitsproblem? Ergebnisse aus Längsschnittstudien

Bei der Untersuchung der Häufigkeit psychischer Störungen in der Allgemeinbevölkerung kommt Längsschnittstudien eine besondere Bedeutung zu. Fraglos ist schon das Wissen um die augenblickliche Prävalenz einzelner Gesundheitsgefährdungen von Wert, jedoch muss auch Gewissheit darüber herrschen, inwieweit die einzelnen Störungsformen stabile Problematiken darstellen oder letztendlich nur als Durchgangsphänomene zu begreifen sind, die somit unter Umständen weniger Augenmerk verdienen.

Gerade in den Jahren nach der erstmaligen Verbreitung des Themas Internet- und Computerspielsucht in den Fachzeitschriften wurden immer wieder Stimmen laut, die davor warnten, ein auf gesellschaftlicher Ebene sich neu etablierendes Freizeitverhalten vorschnell in eine pathologische Schublade zu verfrachten. Bald schon wurden Vergleiche zum Phänomen der verpönten »Lesesucht«, einer Debatte im ausgehenden 18. Jh. über »schlechte« oder gar »gefährliche« Lektüre, laut. Durch den Nachweis zahlreicher Studien, dass der Internetsucht durch die damit verbundenen hohen psychosozialen Symptombelastungen ein Krankheitswert beizumessen ist, wurde diese Position zwar bald entkräftet, dennoch gab und gibt es noch immer Zweifel daran, ob Internetsucht – gerade in der durch Instabilität gekennzeichneten Phase der Adoleszenz – ein bleibendes Problemverhalten darstellt oder sich nicht doch letztendlich wieder ohne weiteres Zutun »auswächst«.

> **Vertiefung: Abgrenzung zwischen zeitlich begrenztem Hobby und Suchtverhalten**
> Ein niederländisches Forscherteam (Van Roiij et al. 2010) analysierte über den Verlauf von zwölf Monaten eine spezielle Stichprobe von 467 Jugendlichen im Alter zwischen 13 und 16 Jahren, die angaben, Erfahrung in der Nutzung von Online-Computerspielen zu besitzen. Die Datenanalyse legte eine konzeptuelle Differenzierung zwischen Intensivspielern (1,1 % der Jugendlichen) und suchtartigen Spielern (2,4 % der Jugendlichen) nahe. Im Gegensatz zu den computerspielsüchtigen Jugendlichen waren unter den Intensivspielern keine erhöhten psychosozialen Symptome feststellbar. Zudem erwies sich, dass nach zwölf Monaten zwei Drittel der Jugendlichen aus der Gruppe der Intensivspieler vom Nutzungsverhalten Abstand genommen hatte, wohingegen dies nur bei der Hälfte der computerspielsüchtigen Jugendlichen der Fall war.

Zwischenzeitlich liegen mehrere Längsschnittuntersuchungen vor, die allerdings methodisch z. T. erhebliche Mängel aufweisen. Tabelle 2 beinhaltet diejenigen Längsschnitterhebungen mit mindestens einer Messwiederholung, die bislang zur Internetsucht veröffentlicht wurden und den methodischen Mindestanforderungen entsprechen. Hierzu zählen etwa eine nachvollziehbare Operationalisierung der Internet- und Computerspielsucht mit Bezug zu den geltenden diagnostischen Kriterien sowie eine ausreichende Haltequote der Befragungsteilnehmer über den zeitlichen Verlauf.

Tab. 2: Übersicht zu längsschnittlichen Befunden zur zeitlichen Stabilität der Internet- und Computerspielsucht.

Land	Autoren	Ausgangsstichprobe	Haltequote	Stabilität
Niederlande	Lemmens et al. (2011)	851 Jugendliche	84 % über ein halbes Jahr	r=.61
Niederlande	Van Rooij et al. (2010)	467 Jugendliche	keine Angabe, über ein Jahr	50 %
Deutschland	Rothmund et al. (2015)	756 Jugendliche	65 % über ein Jahr	27 %
Deutschland	Scharkow et al. (2014)	4.500 Erwachsene und Jugendliche	20 % über zwei Jahre	27 %
Europa	Strittmatter et al. (2015)	1.444 Jugendliche	36 % über zwei Jahre	15 %
Taiwan	Chang et al. (2014)	3.000 Jugendliche	77 % über ein Jahr	66 %
Singapur	Gentile et al. (2011)	3.000 Jugendliche	85 % über drei Jahre	84 %

Auf den ersten Blick fällt auf, dass Studien aus dem ostasiatischen Kulturraum grundsätzlich zu höheren Stabilitätsschätzungen kommen, wohingegen sich nach der Sichtung europäischer Erhebungen eher der Eindruck einer hohen Remissionsrate von internetsüchtigem Verhalten aufdrängt. Die Ergebnisse einer Längsschnitterhebung hängen einerseits von der Auswahl der Studienteilnehmer zum ersten Erhebungszeitpunkt, der sog. Baseline-Messung, ab, also etwa der Frage, ob diese nach repräsentativen Standards gezogen wurden. Noch wichtiger jedoch ist die Frage nach der Haltequote der ursprünglich generierten Stichprobe. Verzerrende Einflüsse auf die

Folgeergebnisse können natürlich durch den Ausfall wesentlicher Anteile der Ausgangsstichprobe erwachsen. Gerade bei dem Thema Internetsucht steht zu vermuten, dass insbesondere jene Teilnehmer, die als internetsüchtig klassifiziert wurden, im Laufe der Zeit aus der Erhebung herausfallen könnten. Unter Berücksichtigung dieser Qualitätsstandards ist die von Chang und Kollegen (2014) durchgeführte Studie positiv hervorzuheben. Die Stichprobe von ca. 3.000 Schülern aus Taiwan erscheint ausreichend groß und die Haltequote zur zwölf Monate später durchgeführten Zweitmessung ist mit 77 % hoch. Die Studienergebnisse deuten hier eine vergleichsweise hohe Stabilität der Internetsucht unter den 15- und 17-jährigen Jugendlichen an. Etwa 66 % derjenigen Jugendlichen, die in der Baseline-Erhebung die Internetsuchtkriterien erfüllten, erfüllten diese auch noch ein Jahr später.

Speziell zur Computerspielsucht kommt eine Studie aus Singapur (Gentile et al. 2011) zu dem Ergebnis, dass bei den über einen Zeitraum von drei Jahren untersuchten etwa 3.000 Jugendlichen in der letzten Erhebungswelle noch 84 % der anfangs als computerspielsüchtig klassifizierten Teilnehmer nach wie vor computerspielsüchtig sind. Einschränkend ist hier zu bemerken, dass die Autoren auf einen nicht validierten Fragebogen zur Bestimmung der Computerspielsucht zurückgriffen. Bei einer Studie in Deutschland, die den gleichen Fragebogen einsetzte, wurde eine deutlich geringere Stabilität von lediglich 27 % gefunden (Rothmund et al. 2015). Allerdings muss in diesem Zusammenhang auf die deutlich kleinere Stichprobe und schlechtere Haltequote von etwa 65 % hingewiesen werden.

Ganz allgemein kommen die in Europa durchgeführten Studien zu vorsichtigeren Stabilitätsschätzungen. Beispielhaft sei hier die erste in Deutschland veröffentlichte Längsschnittstudie erwähnt (Scharkow et al. 2014). Die, wie oben ausgeführt, ursprünglich querschnittlich erhobene Stichprobe von 4.500 Personen mit Computerspielerfahrung wurde in den darauffolgenden zwei Jahren noch jeweils zweimal befragt – wobei zur letzten Befragungswelle jedoch lediglich etwa 900 Personen teilnahmen, was einer äußerst geringen Haltequote von ca. 20 % entspricht. 1,0 % der insgesamt Befragten wies ein stabiles computerspielsüchtiges Verhalten auf, bei 2,6 % wurde eine Remission festgestellt und bei 1,6 % wurde ein Neuauftreten einer Computerspielsucht dokumentiert.

> **Fazit: Zeitliche Stabilität der Internetsucht**
> Gemessen am aktuellen Bestand vorliegender wissenschaftlicher Studien ist eine Einschätzung hinsichtlich der Stabilität von Internetsucht kaum möglich. Somit muss eine zentrale Aufgabe für die Forschung in den folgenden Jahren lauten, Längsschnitterhebungen mit hohem methodischen Anspruch zu initiieren.

3

Verhaltensspezifika

Wie bei anderen Abhängigkeitsphänomenen auch, lässt sich bei der Internetsucht eine stufenweise Entwicklung des Suchtverhaltens annehmen. Zwar existieren zu diesem Thema derzeit noch keine eindeutigen empirischen Nachweise, jedoch kann diese Annahme logisch aufgrund der phänomenologischen Nähe zu anderen Suchterkrankungen gefolgert werden. Darüber hinaus deuten auch die klinischen Erfahrungswerte sowie erste spezifische Befunde aus Querschnittsuntersuchungen auf die Gültigkeit dieser Hypothese hin.

3.1 Das Liking-Wanting Modell bei Substanzabhängigkeit

Ein allgemeines Modell, welches ursprünglich vor dem Hintergrund stoffgebundener Abhängigkeitserkrankungen formuliert wurde, ist das Liking-Wanting-Learning Modell nach Robinson und Kollegen (2009). Dieses Phasenmodell fasst anschaulich die Dynamiken, die mit einer zunehmenden Regelmäßigkeit des Konsums einhergehen, zusammen und erhärtet empirisch zentrale Annahmen. Vereinfacht ausgedrückt wird in dem Modell davon ausgegangen, dass die ersten Erfahrungen mit dem Konsum einer psychoaktiven Substanz mit einer starken positiven Verstärkung des Verhaltens einhergehen. Durch den initial noch bewusst gesteuerten Konsum werden bestimmte positive Effekte erzielt (z. B. Veränderung der Stimmung), die für den Konsumenten den Anreiz einer Fortführung des Konsums erhöhen. Das Verhalten bzw. die dadurch erzielten Wirkungen werden vom Konsumenten als erwünscht angesehen, was der »Liking«-Phase entspricht. Auf neurobiologischer Ebene ist zu diesem Zeitpunkt noch von einer starken Einbindung des präfrontalen Kortex bei der Verhaltensausführung auszugehen, was demnach für eine bewusste und weitestgehend rational geprüfte Entscheidung für den Konsum spricht. Gleichzeitig wirkt sich der Konsum direkt auf das mesolimbische dopaminerge Belohnungssystem aus und löst entsprechend Lernprozesse aus: Der Konsum der Substanz wird mit zunehmender Wiederholung als ein positives Ereignis gespeichert, wobei jede neuerliche Substanzeinnahme diese assoziativen Verknüpfungen verstärkt und mit einer Konsolidierung entsprechender Gedächtnisspuren korrespondiert.

Im weiteren Verlauf entwickelt sich das Konsumverhalten immer stärker zu einem gewohnheitsmäßigen Ablauf. Das bedeutet, dass der präfrontale Kortex (»Top-Down-Regulation«) immer weniger in die Entscheidung für die Konsumausführung eingebunden wird. Der Konsum vollzieht sich stattdessen impulsgesteuert (»Bottom-up-

Regulation«). Mitverantwortlich für die zunehmende Automatisierung des Verhaltens sind bestimmte Trigger, also Reize, die mit den positiven Wirkungen der Substanz bei früheren Konsumgelegenheiten verknüpft wurden und nun das Verlangen nach dem Konsum auslösen können. Derartige konditionierte Reize können external (z. B. Kontextfaktoren, wie bestimmte Umgebungen) oder internal (z. B. auslösende Kognitionen oder bestimmte emotionale Zustände) sein.

Im weiteren Verlauf wird angenommen, dass sich der Konsum automatisiert als Reaktion auf das Auftreten von induziertem Craving vollzieht und die erlebte Wirkung zunehmend den Charakter eines negativen Verstärkers annimmt. Auslösende Reize stellen nun auch belastende Ereignisse bzw. damit verbundene negative Gefühlslagen und Gedanken dar, welche wegen der negativen Konsequenzen des Konsums immer stärker in den Vordergrund treten.

Entzugserscheinungen bei ausgesetztem Konsum stellen eine weitere Klasse auslösender Faktoren dar. Zu diesem Zeitpunkt ist das Konsumverhalten also nicht mehr durch das Erleben positiver Zustände gekennzeichnet, sondern hat den Charakter einer notwendigen und stark automatisierten Handlungskette, die sich weitgehend der bewussten Kontrolle des Konsumenten entzieht, angenommen (»Wanting«-Phase).

3.2 Das Phasenmodell und seine Übertragbarkeit auf Internetsucht

Vielleicht mehr noch als bei substanzgebundenen Suchterkrankungen macht es bei Verhaltenssüchten Sinn, zwischen der Phase des »Liking« und der des »Wanting« eine (kritische) Gewöhnungsphase anzunehmen (▶ Abb. 1).

3.2 Das Phasenmodell und seine Übertragbarkeit auf Internetsucht

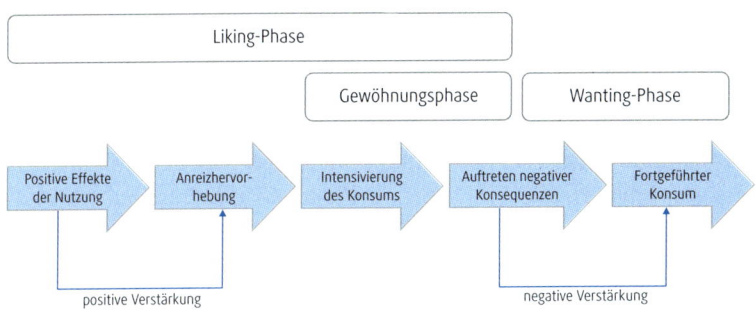

Abb. 1: Das Liking-Wanting Modell bei Internetsucht.

Diese Gewöhnungsphase ist durch eine zunehmende Intensivierung des Verhaltens gekennzeichnet, ohne jedoch bereits mit störungstypischen Begleiterscheinungen, wie Kontrollverlust, der Fortführung des Konsums trotz negativer Konsequenzen und Eingenommenheit durch das Verhalten einherzugehen.

Die Annahme einer solchen Zwischenphase erscheint deshalb sinnvoll, da sich in klinischen Stichproben und epidemiologischen Erhebungen ein substanzieller Anteil von Personen findet, der ein zwar exzessives, jedoch nicht unbedingt suchtartiges Nutzungsverhalten aufweist (vgl. Beutel et al. 2011; van Rooij et al. 2010). Charakteristisch für diese Gruppe ist, dass bestimmte internetbezogene Anwendungen (z. B. Online-Computerspiele, soziale Netzwerke) zwar sowohl regelmäßig als auch sehr zeitintensiv genutzt werden, hierdurch jedoch keine oder kaum Einschränkungen anderer Lebensbereiche oder psychopathologische Symptome auftreten.

Natürlich stellt sich in diesem Zusammenhang die Frage nach den Ursachen. Obwohl es etwa für die Entwicklung von Frühinterventionen äußerst wichtig wäre, eine Antwort auf diese Frage zu finden, gibt es zur Zeit leider noch keine wirklich belastbaren empirischen Daten zu diesem Thema. Zumindest aber lassen sich einige Hypothesen anhand der Ergebnisse verschiedener wissenschaftlicher Studien ableiten. Eine dieser Hypothesen lautet, dass es nur eine Frage der Zeit ist, bis exzessive Nutzer schließlich doch noch Suchtsymptome entwickeln.

3 Verhaltensspezifika

In der Tat konnte gezeigt werden, dass die Dauer der aktiven Onlinezeit einen verlässlichen Prädiktor für die Erfüllung der Suchtkriterien darstellt (Rumpf et al. 2013). Gleichzeitig spricht allerdings gegen die pauschale Gültigkeit dieser Annahme, dass wiederum längsschnittliche Befunde existieren, aus denen hervorgeht, dass gerade unter exzessiven Nutzern die Wahrscheinlichkeit einer Remission des Nutzungsverhaltens über den zeitlichen Verlauf hoch ist (van Rooij et al. 2010). Alternativ bzw. ergänzend dazu kann vermutet werden, dass exzessive Spieler bestimmte protektive Faktoren aufweisen, die eine Fortführung der intensiven Nutzung erlauben, ohne dass jedoch zwangsläufig der Weg in die Abhängigkeit eingeschlagen wird.

Zwei potenzielle protektive Faktoren könnten etwa in den Persönlichkeitsfaktoren erhöhte Extraversion und geringer Neurotizismus vermutet werden. In einem Dreigruppenvergleich zwischen Patienten mit Computerspielsucht und Personen mit exzessivem bzw. moderatem Konsum erwies sich, dass durch die oben genannten Faktoren eine Trennung zwischen suchtartigen Nutzern auf der einen und exzessiven bzw. moderaten Spielern auf der anderen Seite möglich war (Müller, Beutel et al. 2014).

Transfer: Phasenspezifische Prävention und Frühintervention
Da sich Internetsucht als Prozess entwickelt, sollten Präventions- bzw. Frühinterventionsstrategien möglichst phasenspezifisch konzipiert sein. So ist innerhalb der »Liking«-Phase eine absolute Abstinenz vom Verhalten weniger zielführend als die Aufrechterhaltung eines bewusst gesteuerten und damit kontrollierten Konsums. Die Definition konkreter nutzungsfreier Zeiten sowie die Intensivierung oder neue Generierung alternativer Aktivitäten können sich zu diesem Zweck als nützlich erweisen. Derartige Maßnahmen sollten in der kritischen Gewöhnungsphase intensiviert und gegebenenfalls von Beratungsgesprächen begleitet werden. Dagegen sollte in der »Wanting«-Phase, welche bereits durch wiederholten Kontrollverlust gekennzeichnet ist, eine psychotherapeutische Intervention ins Auge gefasst werden.

3.2.1 Ein genauerer Blick auf exzessives Verhalten im Jugendalter

Aktuell stellt sich die Frage nach Faktoren, die mit einem zwar exzessiven, jedoch zeitlich begrenzten und mit einem suchtartigen Nutzungsverhalten von Internetangeboten einhergehen. Wodurch ist es einem Individuum möglich, bestimmte Internetinhalte zwar zeitlich intensiv oder auch exzessiv, jedoch noch kontrolliert zu nutzen? Was sind die Gründe dafür, dass ein anderes Individuum aus der exzessiven in eine dauerhaft suchtartige Nutzung übergeht? Aus dem Feld der Entwicklungspsychopathologie ist bekannt, dass insbesondere Jugendliche eine vulnerable Gruppe für viele Verhaltensauffälligkeiten darstellen. Die schwierige Balance neurobiologischer Anpassungsprozesse, welche sich teilweise asynchron vollziehen, psychosoziale Reifungskrisen und die notwendige Überwindung von anfallenden Entwicklungsaufgaben stellen Herausforderungen dar, die zu einem zeitweiligen Auftreten von Fehlanpassungen führen können. Derartige Fehlanpassungen können sich in Form von depressiven Verstimmungen oder auch in risikoreichen Verhaltensweisen äußern. Grundsätzlich ist dabei festzuhalten, dass nicht alle diese Syndrome zwangsläufig in einer anhaltenden Fehlanpassung oder gar psychischen Störung münden müssen; bei vielen Jugendlichen kann eine Remission der Problemlagen beobachtet werden (vgl. z. B. Moffitt 1993; Ihle und Esser 2002; für eine Übersicht vgl. auch Schmidt 2004).

Dieser Sachverhalt scheint auf exzessive oder suchtartige Konsummuster bei Internetaktivitäten übertragbar zu sein. Nicht alle Jugendlichen, die einen exzessiven oder suchtartigen Konsum aufweisen, führen diesen auch fort – dies zumindest legen die Ergebnisse erster Längsschnittstudien nahe (vgl. z. B. Strittmatter et al. 2015). Unklar bleibt, welche Merkmale herangezogen werden können, um frühzeitig exzessive, jedoch nicht suchtartige Nutzungsmuster von problematischen bzw. suchtartigen abgrenzen zu können. Zumindest Hinweise auf eine solche Unterscheidungsmöglichkeit wurden in einer Piloterhebung an Jugendlichen gewonnen, die ein exzessives Internetverhalten zeigten (Dreier et al. 2013). In dieser qualitativen

Interviewstudie mit insgesamt 124 Jugendliche im Alter zwischen 14 und 17 Jahren aus sieben europäischen Ländern konnten diese Jugendliche über das qualitative Analyseverfahren der Grounded Theory (Strauss und Corbin 1990) anhand der zugrundeliegenden Nutzungsmotive in vier Gruppen bzw. Nutzungstypen klassifiziert werden (▶ Abb. 2).

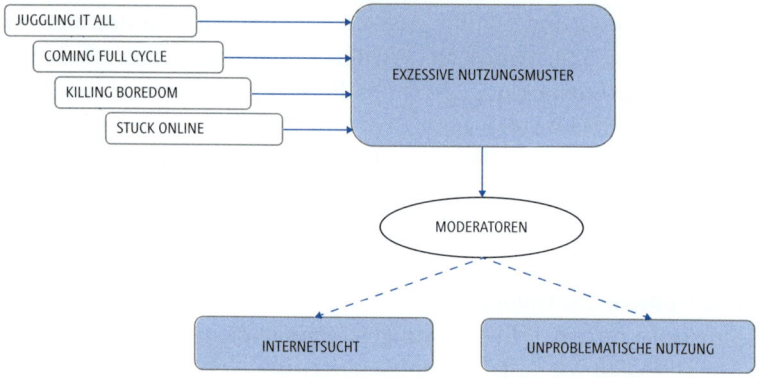

Abb. 2: Das Modell der Vier im Zusammenhang mit exzessiven und suchtartigen Nutzungsmustern.

In diesem sogenannten Modell der Vier (Dreier et al. 2013) beschreiben zwei dieser Nutzungstypen, »Juggling it All« (»Alles auf die Reihe Bekommen«) und »Coming Full Cycle« (»Erfolgreich Selbstregulieren«) Jugendliche, die sich mit großem Enthusiasmus der Internetnutzung hingeben, dieses jedoch nicht zu Zwecken der Emotionsregulation oder Kompensation fehlender sozialer Kontakte nutzen und zudem eine hohe subjektive Kontrolle auf die Nutzungszeiten auszuüben im Stande sind. Hingegen konnte bei den beiden Typen »Killing Boredom« (»Zeit Totschlagen«) und insbesondere »Stuck Online« (»Im Netz Gefangen«) eine stärkere Dysfunktionalität in der Internetnutzung ausgemacht werden. Diese bestand vor allem darin, dass die Internetnutzung Ausdruck fehlender Freizeitalternativen war; sie war gleichzeitig ein Grund dafür, dass der Jugendliche weniger Explorationsverhalten an den Tag legte und den Internetkonsum als Mittel zum Zweck nutzte, um negative Emotionen sowie Stresssituationen zu kontrollieren und zu regulieren (Dreier et al. 2013).

4

Neurobiologie

Neurobiologische Perspektiven treten im Bereich der Behandlung psychischer Erkrankungen immer mehr in Erscheinung, was allerdings nicht zwangsläufig von allen psychotherapeutisch arbeitenden Experten begrüßt wird. Im Gegenteil, diese Entwicklung wird wohl eher mit einer Mischung aus Ablehnung und womöglich auch Angst beantwortet, etwa in Form von Schlagwörtern wie »neurobiologischer Reduktionismus« (vgl. z. B. Hörmann 2012; Uhl 2012). An dieser Position verwundert, dass oftmals im gleichen Atemzug der Wunsch nach einer ganzheitlichen Betrachtung von klinischen und insbesondere Suchtphänomenen geäußert wird. Nichts Anderes stellt ja die Ergänzung bisheriger Forschungsansätze um neurobiologische Parameter dar. Für eine zeitgemäße Perspektive zur Gesundheit werden Erklärungsmodelle nach dem Vorbild biopsychosozialer

Ansätze benötigt, um ein ganzheitliches Verständnis über Wirkzusammenhänge zu vermitteln. Die Entwicklung und Anwendung von Bildgebungsverfahren, die Einblicke in neuronale Korrelate bestimmter psychischer Phänomene erlauben, sollte unter diesem Gesichtspunkt zunächst als Chance für ein umfassenderes Verständnis komplexer klinischer Störungsbilder aufgefasst werden.

Betrachtet man die neurowissenschaftliche Befundlage zur Internetsucht, so stellt man fest, dass aus diesem Bereich zunehmend mehr Arbeiten publiziert werden, insbesondere aus dem asiatischen Kulturraum. Die meisten dieser Studien beziehen sich entweder auf das Gesamtkonstrukt der Internetsucht oder speziell auf die Computerspielsucht. Neurowissenschaftliche Befunde zu anderen Subformen der Internetsucht hingegen sind eher spärlich vertreten. Unter den verwendeten messtechnischen Ansätzen finden sich vor allem EEG-Studien (Elektroenzephalographie) und funktionelle Magnetresonanztomographien (fMRT), jedoch wird auch auf andere Verfahren zurückgegriffen, wie etwa die Positronenemissionstomographie (PET) oder auch die strukturelle MRT mittels voxel-basierter Morphometrie.

Nach einem kurzen Überblick über die Erkenntnisse zu neurobiologischen Grundlagen von Suchtverhaltensweisen im Allgemeinen werden auf den folgenden Seiten die wichtigsten bisherigen Einblicke in neurobiologische Prozesse und Verarbeitungsmechanismen der Internetsucht dargestellt.

4.1 Neurobiologische Prozesse bei der Abhängigkeit – Ein kurzer Abriss

Dank zahlreicher methodisch hochwertiger Studien ist eine ausführliche Evidenzlage zu neurobiologischen Prozessen des (stoffgebundenen) Suchtgeschehens zu verzeichnen (vgl. z. B. Volkow et al. 2003; Goldstein und Volkow 2011). Man geht inzwischen davon aus, dass sich neurobiologische Veränderungen, die unter anderem die Sensitivität belohnungsassoziierter Bereiche betreffen, im Verlauf der zunehmenden Chronifizierung des Suchtgeschehens ergeben.

Im Sinne dieses phasenspezifischen Ansatzes konnte gezeigt werden, dass der anfängliche und noch durch bewusste Entscheidungsprozesse veranlasste Konsum psychotroper Substanzen durch übergeordnete Systeme des präfrontalen Kortex sowie des ventralen Striatums gesteuert bzw. mitbeeinflusst wird (▶ Abb. 3).

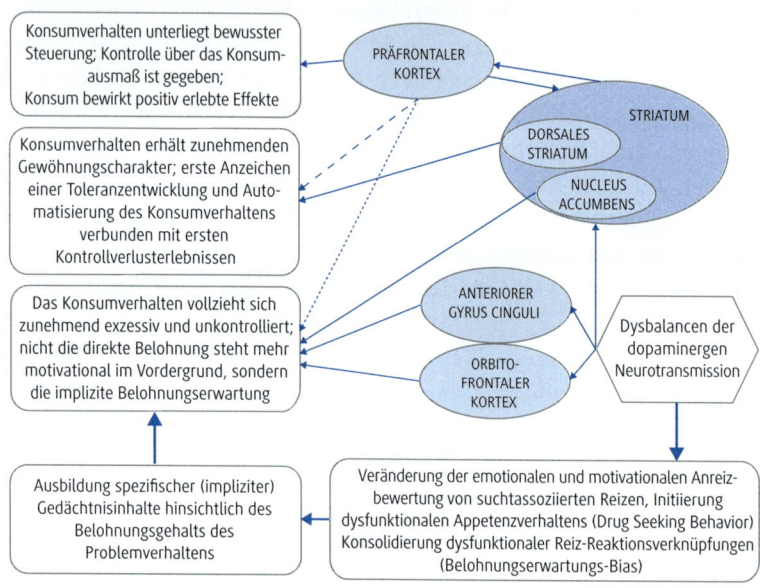

Abb. 3: Phasenspezifische Entwicklung des Suchtverhaltens und beteiligte kortikale Strukturen.

Dieses kortikale Muster verändert sich jedoch mit einer zunehmenden Gewöhnung an die Substanzeinnahme dahingehend, dass insbesondere das dorsale Striatum bei der Verhaltensausführung involviert ist (Everitt und Robbins 2005). Im Stadium des chronifizierten Konsums und des damit verbundenen Abhängigkeitsgeschehens vollzie-

4.1 Neurobiologische Prozesse bei der Abhängigkeit – Ein kurzer Abriss

hen sich Veränderungen in der Transmission des Neurotransmitters Dopamin in zentralen kortikalen Strukturen, wie zum Beispiel dem anterioren Gyrus Cinguli, dem orbitofrontalen Kortex und dem Nucleus Accumbens. Als Teil des limbischen Systems generiert der anteriore Gyrus Cinguli im Zusammenspiel mit dem präfrontalen Kortex emotionale Prozesse (Scheuerecker et al. 2007). Der orbitofrontale Kortex wiederum übernimmt eine wichtige Funktion in der Beurteilung des motivationalen Wertes eines wahrgenommenen Reizes, sowie der Auswahl und Einleitung zielgerichteten Verhaltens (Rolls 2000). Als Struktur des Striatums werden im Nucleus Accumbens emotionale Informationen aus dem Limbischen System mit Belohnungserwartung kombiniert und hierüber – im weiteren Sinne – appetitives Verhalten (Annäherungsverhalten) initiiert (Weiss 2005). Der beschriebene Mechanismus ist somit vermutlich verantwortlich für die Abnahme der Sensitivität gegenüber natürlichen Verstärkern (z. B. Nahrung, sexuelle oder soziale Reize), sowie für die wiederholte Auslösung des sogenannten »Drug Seeking Behavior« und den mit der Drogeneinnahme erlebten Kontrollverlust (Goldstein et al. 2002; Kalivas et al. 2005). Dementsprechend wird das Auftreten von Entzugserscheinungen in abstinenten Phasen mit einem plötzlichen Mangel an dopaminerger Stimulation in den oben genannten Strukturen erklärt.

Gleichzeitig wird eine Sensitivierung kortikaler Strukturen für die positiven Effekte durch die Drogeneinnahme und weitere Konsumgelegenheiten angenommen. Die mit der Drogeneinnahme verbundene Aktivierung des Nucleus Accumbens führt zum Aufbau von (emotionalen) Gedächtnisinhalten in limbischen Strukturen, in denen die positive Substanzwirkung gespeichert wird. In späteren Situationen wirken sich diese Gedächtnisinhalte dann verhaltenssteuernd aus (Di Chiara 2002). Dieser Lernmechanismus wird als maßgeblich für das im Zusammenhang mit Substanzabhängigkeiten immer wieder dokumentierte Cue-Reactivity-Paradigma (deutsch etwa Schlüsselreiz-Reaktivitätsparadigma) bzw. der sogenannten Anreizhervorhebung (Incentive Sensitization) diskutiert: Bestimmte Reize, die entweder direkt mit der Droge in Verbindung stehen bzw.

die indirekt während des Konsums zugegen waren, erhalten einen überhöhten Verstärkerwert und eine vertiefte emotionale Bedeutung für das Individuum. Ihre Wahrnehmung, verbunden mit der Aktivierung emotionaler Gedächtnisinhalte und motivationaler Gehirnzentren, soll ein wesentlicher Auslöser (sogenannter Trigger) für das Erleben von Konsumverlangen (Craving) darstellen. Dieses trägt wiederum zum sogenannten Drug-Seeking-Behavior, also einem dysfunktionalen Appetenzverhalten, bei. Gleichzeitig sind auslösende Reize der oben genannten Kategorien für den Betroffenen sehr salient, d. h. sie stechen im Vergleich zu anderen Reizen (z. B. Nahrung) stärker hervor.

4.2 Neurobiologische Befunde zur Internetsucht

4.2.1 Effekte von Computerspielen auf neurobiologischer Ebene

Da insbesondere bestimmte Computerspiele ein erhöhtes Suchtpotenzial zu beinhalten scheinen (▶ Kap. 5), ist ein Blick auf allgemeine Effekte von Computerspielen auf neurobiologische Systeme wichtig, bevor spezielle klinische Fragestellungen betrachtet werden.

Eine Pionierarbeit wurde von Koepp und Kollegen (1998) unter Verwendung der Positronenemissionstomographie (PET) veröffentlicht. An einer freilich sehr kleinen Stichprobe von acht erwachsenen Personen konnte während des Spielens eines Computerspiels eine signifikante Veränderung der Dopaminausschüttung im Striatum gezeigt werden. Diese Veränderung ist prinzipiell mit den Effekten der Einnahme von Amphetamin vergleichbar. Mit diesem Vergleich soll nicht unterstellt werden, dass die Nutzung von Computerspielen der Einnahme von Amphetaminen gleichzusetzen ist; allerdings zeichnet sich hier die Generalisierbarkeit eines wichtigen Prinzips ab: Auch durch die wiederholte Nutzung von Computerspielen findet auf neurobiologischer Ebene – und zwar im Bereich des Belohnungszentrums – ein belohnungsassoziierter Lernprozess statt, welcher im Extremfall und sicherlich nur unter Wirkung weiterer Risikofaktoren zu einer kritischen Sensibilisierung beitragen kann.

Auch unter Einbezug peripher physiologischer Parameter, wie etwa der Hautleitfähigkeit, welche ein zuverlässiges Maß für das Ausmaß des aktuell erlebten psychologischen Arousals darstellt, konnte mehrfach gezeigt werden, dass Computerspiele eine deutliche Wirkung auf den Nutzer ausüben (Drachen et al. 2010; Griffiths und Dancaster 1995).

Es ist also wichtig, festzuhalten, dass Computerspiele sowohl auf psychologischer als auch auf physiologischer Ebene eine Wirkung auf den Spieler entfalten. Das ist zunächst einmal weder gut noch schlecht, es deutet schlicht darauf hin, dass Computerspiele im Vergleich zu anderen Tätigkeiten einen höheren Grad an Intensität – vermittelt über das Arousal – aufweisen. Dieser Umstand könnte zur Folge haben, dass bestimmte vulnerable Nutzer einer leichteren Konditionierbarkeit in Bezug auf die Wirkung von Spielen ausgesetzt sind und somit Gefahr laufen, ein suchtartiges Nutzungsverhalten zu entwickeln. Dieser Punkt wird in Kapitel 7 nochmals aufgegriffen.

4.2.2 Neurobiologische Befunde zur Internet- und Computerspielsucht

In ihrer systematischen Übersichtsarbeit führen Kuss und Griffiths (2012) insgesamt 18 veröffentlichte Studien auf, die sich der Frage nach neurobiologischen Korrelaten der Internet- und Computerspielsucht gewidmet haben und ausreichend hohen methodischen Standards entsprechen. Der Löwenanteil dieser Studien hat sich dem oben erwähnten Cue-Reactivity-Paradigma gewidmet.

Insgesamt wird durch die vorliegenden Arbeiten die These gestützt, dass Betroffene mit Internetsucht eine akzentuierte emotionale Verarbeitung suchtassoziierter Reize aufweisen. Dies weist auf eine Sensibilisierung des mesolimbischen dopaminergen Belohnungssystems analog zu Substanzabhängigkeiten hin. Es ist also davon auszugehen, dass das Prinzip der Anreizhervorhebung (»Incentive Sensitization«, Robinson und Berridge 2008) auf die Internetsucht übertragbar ist. Im Verlaufe der Suchtentwicklung werden Reize, die mit dem Suchtverhalten in Verbindung stehen (z. B. Monitor, bestimmte Gefühlszustände), salienter wahrgenommen und teilweise automatisiert mit der Ausführung des Nutzungsverhaltens beantwortet.

In den Studien, welche sich bildgebender Verfahren wie etwa der funktionellen Magnetresonanztomographie (fMRT) bedienen, konnten spezifische Aktivierungsmuster bestimmter kortikaler Strukturen als Reaktion auf die Wahrnehmung von suchtassoziierten Reizen bei internetsüchtigen Patienten nachgewiesen werden. Hier scheinen insbesondere der dorsolaterale präfrontale Kortex sowie der Nucleus accumbens eine Rolle zu spielen (siehe z. B. Ko et al. 2009). Beide Strukturen stehen in Zusammenhang mit der Evaluation der motivationalen und emotionalen Wertigkeit von Reizen und der Einleitung von zielgerichtetem Appetenzverhalten. Ganz ähnliche Befunde konnten bei substanzgebundenen Abhängigkeiten erbracht werden (z. B. Garavan et al. 2000; Wilson et al. 2004), sodass auch hier die phänomenologische Nähe zwischen Internetsucht und Substanzabhängigkeiten deutlich wird.

Auch strukturelle Analyseverfahren, wie z. b. die voxel-basierte Morphometrie, finden sich mittlerweile zur neurobiologischen Charakterisierung der Computerspielsucht. Mithilfe dieses Verfahrens lässt sich die Dichte und die Verteilung der Grauen Substanz, welche mit der Anzahl von Nervenzellkörpern, synaptischen Verschaltungen und Gliazellen im Gehirn in Zusammenhang steht, in verschiedenen Hirnregionen bestimmen. Eine hohe Dichte spricht für viele Nervenzellkörper und synaptische Verschaltungen in der jeweiligen Gehirnregion, was als Anzeichen für ein ungestörtes Funktionieren dieser Bereiche gilt. Hingegen ist eine verminderte Dichte ein Hinweis darauf, dass es im Gehirn zu Veränderungen oder gar Einschränkungen in der Funktionsweise gekommen ist.

In einer entsprechenden Studie aus China (Zhou 2011) wurden 15 internetsüchtige Personen mit 15 gesunden Kontrollprobanden verglichen. Es stellte sich heraus, dass Betroffene mit Internetsucht in der Insula und dem cingulären Kortex eine geringere Dichte der Grauen Substanz aufwiesen, was auf Unterschiede im emotionalen Erleben und im Verhalten schließen lässt. Die Autoren folgern aus ihren Daten, dass bei Personen mit Computerspielsucht die Umwandlung interozeptiver (intrapsychischer) Wahrnehmungen in konkrete emotionale Empfindungen und die Verknüpfung dieser emotionalen Signale mit kognitiven Prozessen (z. B. der Entscheidungsfindung) beeinträchtigt ist und darüber hinaus von einer selektiven Aufmerksamkeitszuwendung auszugehen ist.

> **Transfer: Neurobiologische Befunde und klinische Eindrücke**
> Ein weiteres Indiz für die Dysfunktion der Insula lässt sich durch die Beobachtung des Verhaltens internetsüchtiger Patienten feststellen: So zeigt sich bei Betroffenen oftmals eine eingeschränkte und wenig akkurate Wahrnehmung ihres emotionalen Befindens. Im therapeutischen Setting ist es daher anfänglich oftmals schwierig, konkrete auslösende Bedingungen für das Auftreten des Spielverlangens zu eruieren. So nennen Patienten häufig »Langeweile« als Beweggrund, der sie zum Spielen oder Surfen treibt. Im weiteren Therapieverlauf gelingt es zumeist, dieses vage Konstrukt »Langeweile« zusehends zu konkretisieren und mit dem Nutzungsverlangen einhergehende Emotionen wie z. B. Frustration, Trauer, Angst oder Enttäuschung genauer zu benennen.
>
> Der gefundene Zusammenhang zwischen der emotionalen Wahrnehmung und der Einleitung kognitiver Prozesse spricht dafür, dass sich bei Patienten im Verlauf der Sucht ein Verhaltensautomatismus herausgebildet hat, also ein automatisches Formulieren des Gedankens »*Ich muss jetzt spielen*« auf die Empfindung »Langeweile«. Alternativen des Verhaltens und Reagierens auf eine solche aversive Empfindung stehen zusehends seltener zur Verfügung, sodass es zu einer Einengung des Verhaltensrepertoires kommt: Das Spielen oder Surfen verbleibt als hauptsächliche Maßnahme, derartige negative Affekte zu regulieren.

5

Verhaltenswirkungen

Es liegt auf der Hand, dass man im Gegensatz zu Substanzabhängigkeiten bei einer Verhaltenssucht wie der Internetsucht nicht von einer unmittelbaren externen Wirkung der Verhaltensausführung im herkömmlichen Sinne sprechen kann. Dennoch kann im Allgemeinen zumindest von mittelbaren Effekten gesprochen werden. Auf einer höheren Abstraktionsebene zeigt sich etwa, dass nicht alle Verhaltensweisen suchtartig entgleiten können. So beschränkt sich die Auswahl an Tätigkeiten, die im Zusammenhang mit Kriterien wie Kontrollverlust, Toleranzentwicklung und Entzug im medizinischen oder psychologischen Kontext dokumentiert wurden, im Wesentlichen auf Sexualität, Kaufverhalten, Sport, Arbeit, Glücksspielteilnahme und Internetnutzung (vgl. z. B. Grüsser und Thalemann 2006; Bilke-Hentsch et al. 2014). Offensichtlich sind es also die spezifischen

Charakteristiken ganz spezieller Verhaltensweisen, die eine bestimmte Auswirkung auf das Individuum ausüben und – unter gewissen Voraussetzungen – zu einem anhaltenden Kontrollverlust beitragen können. Stellt man den Fokus enger, wird deutlich, dass sich auch innerhalb dieser Kategorien offensichtliche Unterschiede in der spezifischen Tätigkeit ergeben. Im Zusammenhang mit der Glücksspielnutzung fällt beispielsweise auf, dass anscheinend verschiedene Glücksspielformen mit einem unterschiedlich stark ausgeprägten Potenzial der Beförderung suchtartigen Verhaltens einhergehen. Im klinischen Kontext erweist sich etwa übereinstimmend, dass wesentlich mehr Patienten in Bezug auf die Nutzung von Geldspielgeräten ein Suchtverhalten entwickeln als im Zusammenhang mit der Teilnahme an Lotterien (Bischof et al. 2013; Milosevic und Ledgerwood 2010). Erste Überlegungen zu der Ursache dieses Phänomens betreffen unterschiedliche Merkmale einzelner Glücksspielformen, wie etwa Interaktivität, Ereignisfrequenz oder auch enthaltene visuelle Elemente (Meyer et al. 2010).

Wie verhält es sich nun mit der Internetsucht? Aus den vorangegangenen Kapiteln dürfte bereits hervorgegangen sein, dass es nicht das Internet per se ist, welches eine undifferenzierte Sogwirkung auf den Nutzer entfalten kann. Dementsprechend herrscht zunehmend Einigkeit darüber, den Begriff Internetsucht als Überbegriff zu verstehen, der stellvertretend für unterschiedliche Onlineaktivitäten steht, welche suchtartig ausgeführt werden.

Ausgehend von Kimberly Youngs frühen Überlegungen (1998) werden gemeinhin spezifische Formen internetsüchtigen Verhaltens unterschieden, die sich in der Hauptsache auf die Nutzung folgender Onlineangebote beziehen:

- Computerspiele
- Soziale Netzwerke
- Onlinepornographie
- Einkaufsportale
- Glücksspiele

Als weitere Formen, die jedoch im Vergleich zu den oben genannten Bereichen bislang weit weniger systematisch erforscht sind, kristallisieren sich zudem die exzessive Nutzung von Online-Streamingplattformen und die ausufernde Informationssuche heraus. Zu beiden Bereichen sind jedoch noch kaum wissenschaftliche Literatur und keine systematischen klinischen Fallbeschreibungen verfügbar.

Gleichzeitig wird diskutiert, inwieweit es – neben dem oben genannten Ansatz der »spezifischen Internetsucht« – das Phänomen der sogenannten »generalisierten Internetsucht« gibt. Das Konzept der generalisierten Internetsucht geht zurück auf Davis (2001), der das Konstrukt als ungesteuertes und exzessives Verhalten in Bezug auf verschiedene Internetaktivitäten versteht. Im Vordergrund steht hier also weniger eine isolierte Anwendung, sondern vielmehr ein zielloses Nutzungsverhalten diverser Onlineangebote. Obgleich dieses Konzept nun schon gute 15 Jahre alt ist, ist dessen wissenschaftliche Untermauerung nur langsam fortgeschritten. Allerdings zeigen Erhebungen an klinischen Stichproben, dass tatsächlich ein nicht unerheblicher Anteil an Patienten ein weitgehend undifferenziertes Nutzungsmuster aufweist. So beziffern etwa Müller, Beutel und Kollegen (2014) in ihrer Erhebung von 290 Inanspruchnehmern einer spezialisierten Ambulanz für Verhaltenssucht diesen Anteil auf etwa 6 %. Dennoch muss erst die zukünftige Forschung erweisen, ob das Konzept der generalisierten Internetsucht haltbar bzw. sinnvoll ist.

Es sollte in jedem Fall von einem inhaltlich konvergenten Nutzungsverhalten abgegrenzt werden. Hierunter versteht man, dass zwar unterschiedliche Internetangebote in exzessiver Art und Weise genutzt werden, diese sich jedoch thematisch um ein und denselben Sachverhalt drehen. Ein Beispiel für ein solches konvergentes Nutzungsmuster wäre etwa das Spielen eines Online-Computerspiels in Verbindung mit einer zeitlich einnehmenden Beteiligung an entsprechenden Foren, wo spielbezogene Inhalte thematisiert werden und mit der zusätzlichen Nutzung von Streaming- und Videoportalen, wo aufgenommene Spielsequenzen entweder passiv oder aktiv (durch das Hochladen eigener Videos) konsumiert werden (z. B. Let´s Play Videos, Tutorials).

Auf den nachfolgenden Seiten werden jene Formen internetsüchtigen Verhaltens genauer veranschaulicht, denen nach aktuellem Kenntnisstand besondere klinische Bedeutung zukommt. Der Abklärung der genauen Form der Internetsucht ist im therapeutischen Kontext eine große Bedeutung beizumessen (etwa bei der Formulierung von Abstinenzplänen). Dennoch ist derzeit noch völlig offen, inwieweit unterschiedliche Prognosen, Krankheitsverläufe oder spezifische komorbide Erkrankungen bzw. assoziierte Symptombelastungen von der Form der Internetsucht abhängen.

Ähnliches gilt für die Frage nach etwaigen Unterschieden bei der Pathogenese. Hierauf wird in Kapitel 7 nochmals eingegangen.

5.1 Computerspielsucht

Die mit Abstand häufigste Form internetsüchtigen Verhaltens ist die suchtartige Nutzung von Computerspielen, zumeist Online-Computerspielen. Dies geht sowohl aus epidemiologischen Erhebungen als auch aus klinischen Stichproben von Menschen, die das Hilfesystem wegen Internetsucht aufsuchen, hervor (vgl. z. B. Beutel et al. 2011; Morrison und Gore 2010; Rumpf et al. 2013).

Die Altersstruktur von Patienten mit Computerspielsucht ist sehr weit gestreut, sodass ebenso sehr junge Menschen wie auch Personen im mittleren Erwachsenenalter betroffen sein können. Die zumeist männlichen Patienten schildern in der Regel eine schon seit früher Jugend bestehende Affinität zu Computerspielen. Bei erwachsenen Patienten lässt sich darüber hinaus in der biographischen Anamnese nicht selten bereits in der Adoleszenz eine vorübergehende Phase des exzessiven und nur ungenügend kontrollierten Konsums von Computerspielen sowie damit verbundene negative Folgeerscheinungen (schulischer Leistungsabfall, sozialer Rückzug, familiäre Auseinandersetzungen) feststellen.

5 Verhaltenswirkungen

Auf Grundlage von – allerdings bislang nur sporadisch – vorliegenden empirischen Arbeiten und klinischen Fallbeschreibungen kristallisiert sich zunehmend heraus, dass sich eine Computerspielsucht nicht im Hinblick auf alle potenziell verfügbaren Computerspiele entwickelt. Vielmehr ist davon auszugehen, dass bestimmte Spielgenres mit einem erhöhten Bindungspotenzial einhergehen, welches bei manchen Nutzern einen Kontrollverlust und weitere Symptome suchtartigen Verhaltens begünstigen kann. Insbesondere die sogenannten Massive Multiplayer Online Role Playing Games (MMORPG) sowie sogenannte Multiplayer Online Battle Arena Spiele (MOBA) wurden wiederholt im Zusammenhang mit einem Suchtverhalten dokumentiert.

Grundsätzlich ist davon auszugehen, dass suchtartige Nutzungsmuster auch auf Grundlage allgemeiner und spezifischer Risikofaktoren des Individuums entstehen (▶ Kap. 7). Neben dieser individualspezifischen Vulnerabilität muss jedoch angenommen werden, dass auch spezifische Merkmale des genutzten Angebots von Bedeutung sind. Während jedoch individuelle Faktoren zunehmend besser beforscht werden, stellt sich die Situation hinsichtlich der erwähnten Angebotsfaktoren derzeit noch als weitgehend defizitär dar. Dies wirkt sich zum einen abträglich auf das Verständnis der Dynamiken einer Computerspielsucht aus, zum anderen fehlen somit wichtige empirische Eckpfeiler, die die Entwicklung von passgenauen verhältnispräventiven Maßnahmen ermöglichen könnten.

An allgemeinen Stichproben konnte gezeigt werden, dass drei Hauptmotive für die Nutzung von Online-Rollenspielen (MMORPG und MOBA) maßgeblich sind (Yee 2006; Smahel et al. 2009):

- Erbringen von Leistungen
- Immersion
- Soziale Interaktion

Der erste Faktor bezieht sich unter anderem darauf, dass der Spieler einen starken motivationalen Anreiz erlebt, komplexe Herausforderungen (sogenannte Quests) im Spiel anzunehmen. Die im Spiel implementierten, teils sehr vielschichtigen Strukturen regen zudem kognitiv an, sodass der Wunsch entsteht, diese Spielstrukturen zu analysieren und Strategien zu entwickeln, um im Spiel immer erfolgreicher zu werden. Damit verbunden ist der Wunsch, die eigene Spielfigur (Avatar genannt) durch das erfolgreiche Meistern derartiger Aufgaben stärker und einzigartiger zu machen. Die emotionale Verbindung des Spielers mit seinem Avatar ist demnach eine wichtige Anreizkomponente derartiger Computerspiele und trägt mit zum Faktor der Immersion, also dem völligen Eintauchen in die virtuelle Spielwelt, bei. Diese Verbindung mit dem Avatar geht so weit, dass der Spieler mit seinem Avatar mitleidet, wenn dieser in Gefahr gerät oder Verletzungen erleidet (Wolvendale 2006). Auch weist eine erste Studie unter Verwendung funktionaler Magnetresonanztomographie an Patienten mit Computerspielsucht darauf hin, dass suchtartige Computerspieler eine stärkere (emotionale) Identifikation mit ihrem Avatar erleben als mit ihrer physischen Erscheinung, was auf eine defizitäre Ausprägung des physischen Selbstkonzepts hindeutet (Leménager et al. 2014). Die virtuellen Welten von Online-Rollenspielen sind meist sehr weitläufig programmiert, sodass die endlos erscheinende Weite dieser Fantasiewelten das kognitive und sensorische Neugiermotiv des Spielers anspricht, was zum Wunsch der restlosen Erkundung dieser Parallelwelt beiträgt.

Das soziale Motiv für die Spielteilnahme ist in der Interaktion (Kooperation, aber auch Wettstreit) mit anderen realen Spielern zu sehen. Gerade dieser Punkt stellt einen wichtigen Unterschied zu Computerspielen früherer Generationen dar – die Onlinefunktion von heutigen Spielen erlaubt es, dass der Spieler nicht länger gegen künstliche bzw. im Spiel programmierte Gegner antritt, sondern sich mit realen Mitspielern weltweit messen kann.

Von besonderem Interesse ist die Frage, ob sich die Spielmotive zwischen regulären und auffälligen bzw. suchtartigen Nutzern in irgendeiner Form unterscheiden. Hierzu gibt es bislang nur wenige Einblicke. Eine Studie von Zermatten und Kollegen (2011) an einer europäischen Stichprobe von regelmäßigen MMORPG-Spielern konnte nachweisen, dass bei jenen Spielern, welche die Kriterien einer Computerspielsucht erfüllten, insbesondere eskapistische Motivationslagen, also ein dysfunktionales Vermeiden realitätsbezogener Umstände und Kontexte, zu verzeichnen waren.

Gerade in neuerer Zeit verstärkt sich außerdem die Debatte um potenziell suchtgefährdende Elemente in zahlreichen Free-to-Play Computerspielen. Dieses inhaltlich sehr heterogen gestaltete Genre zeichnet sich dadurch aus, dass es dem Spieler prinzipiell kostenlos online zur Verfügung steht, jedoch die Möglichkeit besteht, durch Geldeinsätze bestimmte Vorgänge im Spiel zu beschleunigen (sogenannte Pay-to-Win Spiele). Derartige Geldeinsätze können beispielsweise dazu genutzt werden, um anderenfalls nur schwer zu organisierende Ausrüstungsgegenstände zu erwerben (sogenannte Ingame-Käufe), welche dem Avatar zu neuen Fähigkeiten verhelfen oder ihn von den Avataren der anderen Mitspieler deutlicher abheben. Es ist davon auszugehen, dass durch die Investition derartiger Geldbeträge, die freilich oftmals pro Transaktion nur gering ausfallen bzw. deren eigentliche Wertigkeit durch die Umrechnung von realem Geld in eine Spielgeldwährung (z. B. Diamanten oder Rubine statt konkrete Eurobeträge) verschleiert wird, das erlebte Commitment erhöht wird, was sich wiederum auf eine höhere Spielbindung auswirken kann. Da diese Free-to-Play Spiele in der Regel bei etlichen Gelegenheiten die Möglichkeit bieten, Geld einzusetzen, bleibt es zudem meistens nicht bei der Investition nur weniger Euros; vielmehr kommt es über den Verlauf der Zeit zu teils ganz erheblichen Summen.

5.2 Online-Sexsucht

Während Patienten mit Computerspielsucht vorrangig viel Lebenszeit für das Suchtverhalten aufwenden, ist der Zeitfaktor bei Patienten mit Online-Sexsucht meist weniger entscheidend. Stattdessen erleben diese Patienten jedoch massive negative Konsequenzen im familiären Bereich, angefangen bei einem nachhaltigen Vertrauensbruch auf Seiten des Partners bis hin zur Trennung und dem Zerbrechen der Familie. Unter den Betroffenen finden sich fast ausschließlich Männer, die – anders als bei der Computerspielsucht – sich größtenteils im mittleren Erwachsenenalter befinden und in der Regel einer festen beruflichen Anstellung nachgehen. Im klinischen Kontext führen die Betroffenen zumeist eine Partnerschaft, dies muss jedoch nicht repräsentativ für die Gesamtheit aller Betroffenen sein. Als Beweggrund für die Vorstellung im Hilfesystem wird nämlich in der Regel die Aufdeckung des zuvor teilweise jahrelang verheimlichten onlinepornographischen Konsums durch den Partner angegeben, wodurch es zu einem heftigen Zerwürfnis gekommen ist. Somit ist anzunehmen, dass es – auch auf Grund der relativen Stigmatisierung des Verhaltens – bei Betroffenen außerhalb einer Partnerschaft gar nicht erst zu Bestrebungen kommt, sich aktiv externe Hilfe zu suchen.

Was genau wird nun unter Online-Sexsucht bzw. Online-Pornographiesucht verstanden? Einen guten Überblick bietet Griffiths (2012), eine verbindliche Klassifikation liegt allerdings noch nicht vor. In der klinischen Praxis lassen sich jedoch bestimmte Erscheinungsformen mehr oder weniger exakt voneinander abgrenzen. Mindestens zwei Gruppen finden sich immer wieder unter Patienten, die sich an das Hilfesystem wenden und die hinsichtlich eines passiven bzw. aktiven Konsums onlinepornographischen Materials voneinander abgegrenzt werden können.

Die wohl größte Gruppe bilden jene Patienten, welche im Internet nach pornographischem Material suchen, dieses online konsumieren und zumeist auch in großen Mengen auf Datenträgern speichern. Die Betroffenen verfügen somit meistens über ein immenses Archiv an pornographischen Erzeugnissen. Relativ übereinstimmend wird von den Betroffenen berichtet, dass die Inhalte des pornographischen Materials im Laufe der Verfestigung des Suchtverhaltens immer extremer wurden. Erklärt wird dieser Umstand damit, dass die Betroffenen durch das Betrachten »herkömmlicher« pornographischer Darstellungen zunehmend weniger Erregung verspüren und sich somit Reizen höherer Intensität aussetzen (müssen). Es fällt auf, dass diese Dynamik stark an das Prinzip der Toleranzentwicklung erinnert.

Bei einer weiteren Gruppe von Betroffenen steht weniger der Konsum von Bild- und Videomaterial im Vordergrund der Symptomatik, sondern eher die virtuelle Interaktion mit anderen Personen im Internet. Diese Variante vollzieht sich etwa über entsprechende erotische Chatrooms oder interaktive Videokommunikationsportale (z. B. Screen-Sharing, Videokonferenzen). Ein Treffen außerhalb der virtuellen Realität mit dem oder den Interaktionspartnern wird dabei in der Regel nicht fokussiert. Überhaupt ist bei allen Subformen onlinepornographischen Suchtverhaltens zu beachten, dass sich das Sexualverhalten ausschließlich oder zumindest primär auf den virtuellen Raum beschränkt. Es ist demnach vom Phänomen der Hypersexualität abzugrenzen und wird vor allem deshalb von vielen Klinikern als Variante der Internetsucht angesehen.

5.3 Suchtartige Nutzung von sozialen Netzwerkseiten

Studienergebnisse, die unter Verwendung psychophysiologischer Messtechniken gewonnen wurden, legen nahe, dass der Nutzer während des Surfens auf sozialen Netzwerkseiten ein ähnliches Arousalniveau erfährt wie bei der Nutzung eines anspruchsvollen Computerspiels (Mauri et al. 2011). Hierüber könnte sich demnach ein ähnliches Flow-Erleben – verbunden mit dem Effekt der Immersion – manifestieren, wie es auch bei Computerspielen bereits nachgewiesen werden konnte.

Daneben wurde argumentiert, dass die Möglichkeit, hochgradig standardisierte Profilseiten hinsichtlich sozial relevanter Aspekte (z. B. Profilbild, Anzahl von Freunden, Likes und Dislikes) zu erstellen, zu automatischen selbstwertrelevanten sozialen Vergleichsprozessen führt. Diesem Kreislauf können sich insbesondere Nutzer mit einem instabilen Selbstkonzept nur schwer entziehen (z. B. Haferkamp und Krämer 2011; Mussweiler 2009).

Im Vergleich zur Computerspielsucht liegen zur suchtartigen Nutzung von sozialen Netzwerkseiten und Kommunikationsplattformen weit weniger klinische Daten von Patienten vor. Das derzeit sehr eingegrenzte Wissen über diese Variante der Internetsucht beschränkt sich also im Wesentlichen auf Forschungsarbeiten an allgemeinen Stichproben (Kuss und Griffiths 2012). Aus diesen wenigen Studien lässt sich schließen, dass sich unter exzessiven Nutzern von sozialen Netzwerkseiten signifikant mehr Personen befinden, die die Kriterien von Persönlichkeitsstörungen erfüllen (vor allem narzisstische und histrionische, aber auch schizotypische Persönlichkeitsstörungen), als in der Allgemeinbevölkerung (vgl. z. B. Rosen et al. 2013).

> **Vertiefung: Pathologisches Horten digitaler Güter**
> In der klinischen Praxis stellen sich auch immer wieder Patienten vor, bei denen nicht eine exzessive aktive Auseinandersetzung mit bestimmten Onlineangeboten im Vordergrund steht, sondern vielmehr eine ausufernde Suche nach bestimmtem Onlinematerial. Dabei kann es sich zum Beispiel um bestimmte Filme, Serien, Computerspiele, Webseiten, Newsfeeds, Blogs und ähnliche Inhalte handeln, die heruntergeladen und gespeichert werden. In der Regel berichten diese Patienten von einem unwiderstehlichen Drang, derartige Inhalte lediglich aufzuspüren, zu sammeln und zu archivieren. Ein spezifisches Bedürfnis nach der Nutzung bzw. dem Konsum des Gesammelten steht dabei nicht im Zentrum. Im Laufe der Zeit sammeln diese Patienten oftmals gewaltige Mengen an Datenmaterial (z. B. Terabytes an heruntergeladenen Serien), welches sie nach der Archivierung tatsächlich nie mehr in irgendeiner Form nutzen. Eine Löschung des Materials ist für die Patienten gleichzeitig mit deutlich aversiven Gefühlsregungen verbunden und wird somit nicht durchgeführt. Alles in Allem erinnert dieses allerdings noch nicht einmal im Ansatz systematisch beschriebene Phänomen an das pathologische Horten.

5.4 Online-Kaufsucht

Hohe finanzielle Aufwendungen, aber auch exzessive Nutzungszeiten, die ähnlich hoch ausfallen können wie bei Menschen mit Computerspielsucht, sind bei Patienten mit Online-Kaufsucht feststellbar. Das Internet hat sich im Laufe der Jahre immer stärker zum gewaltigen, digitalen Warenhaus weiterentwickelt und auch die Werbe- und Marketingbranche hat diese Welt natürlich längst für sich entdeckt. Fraglos erleichtert das Internet für viele Konsumenten den Kaufakt. Auf der anderen Seite gibt es aber auch Menschen, bei denen das anfänglich gezügelte und noch auf rationalen Bedürfnissen basierende Online-Kaufverhalten im Laufe der Zeit suchtartige Züge entwickelt. Bei manchen verlagern sich bereits vorbestehende Tendenzen einer Offline-Kaufsucht auf den virtuellen Bereich oder manifestieren sich sogar erst durch die spezifischen Dynamiken im Internet klinisch (Chen et al. 2004; LaRose 2001; Müller et al. 2012). Entsprechend schildern Patienten mit Online-Kaufsucht eine ausgeprägte gedankliche Eingenommenheit vom Recherchieren und Vergleichen bestimmter Konsumangebote, eine Fortführung des Verhaltens trotz negativer Konsequenzen (beispielsweise im finanziellen Bereich) sowie einen Kontrollverlust hinsichtlich der getätigten Käufe.

Wie bei der Offline-Kaufsucht zeigt sich auch bei Patienten, die unter dem Online-Pendant leiden, dass es der Akt des Kaufs selbst ist, der das belohnende Moment darstellt, und nicht etwa der konkrete Erwerb eines Konsumguts, von welchem oftmals kein Gebrauch gemacht wird oder welches noch nicht einmal ausgepackt wird (Müller et al. 2012). Ähnlich wie bei Patienten mit Glücksspielsucht ist bei diesen Patienten häufig die Verschleierung des Kaufverhaltens und die Verstrickung in Täuschungen und Lügen anzutreffen, verbunden mit interpersonellen Konflikten und teilweise hohen finanziellen Verbindlichkeiten, die nicht selten zu einer Überschuldung und gegebenenfalls auch zur Straffälligkeit führen.

Eine Abschätzung des Problemausmaßes stellt sich derzeit als schwierig heraus, da die meisten methodisch brauchbaren Studien keine ausreichende Differenzierung zwischen Online- und Offline-Kaufsucht erlauben. In einer Fragebogenerhebung beziffern Müller und Kollegen (2010) die Punktprävalenz anhand einer deutschen Stichprobe auf 7 %. Ausgehend von Zahlen der Inanspruchnehmer spezialisierter Hilfeeinrichtungen für Internetsucht (Beutel et al. 2011; Müller, Beutel et al. 2014), unter welchen Patienten mit Online-Kaufsucht eine Minderheit darstellen, muss gefolgert werden, dass derzeit nur die wenigsten Betroffenen Hilfe in Anspruch nehmen. In jedem Fall fehlen derzeit noch spezifische epidemiologische Daten, die Aufschluss über das Ausmaß dieser Variante internetsüchtigen Verhaltens geben könnten.

Unter den diskutierten Risikofaktoren für Online-Kaufsucht sind – neben Gestaltungsmerkmalen des Internets (z. B. gezieltes Online-Marketing, Anonymität des Kaufaktes bzw. des Käufers) – auch personale Prädispositionen. Gemäß eines ersten Störungsmodells von Rose und Dhandayudham (2014) sind eher weibliche Personen einem höheren Risiko ausgesetzt, ebenso wie Personen mit einem verminderten Selbstwertgefühl, erhöhter Impulsivität sowie – als soziologischer Faktor – einer ausgeprägten materiellen Werteorientierung.

5.5 Online-Glücksspielsucht

Eine Erscheinung internetbezogener Störungen, die nach wie vor kontrovers diskutiert wird, ist die suchtartige Nutzung von Online-Glücksspielen. Hier zeigt sich unter Fachleuten große Unsicherheit, ob die suchtartige Nutzung von Internetglücksspiel tatsächlich als Variante internetsüchtigen Verhaltens aufgefasst werden sollte oder eher als eine weitere Variante des Pathologischen Glücksspiels, die sich lediglich im Virtuellen ausdrückt. Ohne weitere empirische

Daten zu dieser Debatte ist es aus klinischer Sicht nur schwer möglich, sich konsequent einer der beiden Positionen anzuschließen. In der klinischen Versorgung tauchen beispielsweise häufig Patienten auf, deren Glücksspielnutzung sich sowohl im terrestrischen als auch im virtuellen Kontext abspielt. Sehr typisch sind etwa Patienten, die Sportwetten in klassischen Annahmestellen platzieren, die jedoch darüber hinaus bei Online-Wettanbietern registriert sind und regelmäßig auch von unterwegs, z. B. über das Handy, Wetten abgeben. Bei diesen Patienten nimmt die Tippabgabe über das Internet oftmals eher den Charakter eines Ersatzes an, d. h., wann immer möglich, wird dem Gang ins Wettbüro vor der Tippabgabe über das Handy der Vorzug gegeben. Somit sind derartige Patienten eher als Pathologische Glücksspieler im »klassischen« Sinne zu begreifen denn als internetsüchtige Patienten.

Dennoch stellen sich auch immer wieder Patienten vor, die lebensgeschichtlich nie mit terrestrischen Glücksspielangeboten in Kontakt gekommen sind und an diesen Angeboten auch keinerlei Interesse zeigen. Der Glücksspielnutzung wird in diesen Fällen ausschließlich online nachgegangen, beispielsweise in Form der Teilnahme am Onlinepoker. Nicht selten berichten diese Patienten, dass sie an mehreren Pokertischen simultan spielen, um die empfundene Erregung zu maximieren. Der Einsatz von realem Geld ist dabei zwar häufig, aber nicht obligatorisch. Es kann in diesem Zusammenhang auch vorkommen, dass ausschließlich um Spielgeld gespielt wird. In diesen Fällen scheint demnach eine Zuordnung zum Störungsbild der Internetsucht angemessener.

Unstrittig ist, dass Online-Glücksspiele mit besonderen Merkmalen einhergehen, die bei manchen Nutzern einen Kontrollverlust begünstigen. Griffiths (Griffiths et al. 2005) nennt hier beispielsweise die reichhaltige Auswahl von unterschiedlichsten zur Verfügung stehenden Angeboten im Internet, die Anonymität der Nutzung, die Beschleunigung des Spielgeschehens durch besonders schnelle Einsatz-Ereignis-Abfolgen, die leichte Zugänglichkeit von entsprechenden Seiten sowie die große Bandbreite von einfachen Einzahlungsoptionen, die finanzielle Verluste weniger direkt spürbar machen.

5.5 Online-Glücksspielsucht

Daneben gibt es mittlerweile zahlreiche empirisch untermauerte Hinweise darauf, dass insbesondere für Jugendliche und junge Erwachsene internetbasierte Glücksspiele ein hohes Attraktionspotenzial aufweisen und mit einem erhöhten Risiko einer unkontrollierten und suchtartigen Nutzung in Zusammenhang stehen (Olason et al. 2010; Griffiths et al. 2005; Griffiths und Wood 2007).

Bisherige epidemiologische Studien zeigen, dass bis zu 24 % der Befragten schon Erfahrungen in der Nutzung von Online-Glücksspielen gemacht haben (Brunelle et al. 2008; Welte et al. 2009). Insbesondere unter Studierenden findet sich eine Zielgruppe, in der Online-Glücksspiele beliebt sind (Petry und Gonzalez-Ibanez 2013). In einer Studie mit Studierenden, die an einer kurzen Intervention zur Behandlung von problematischem Glücksspielverhalten teilnahmen, gab etwa die Hälfte dieser Personen an, internetbasierte Glücksspiele zu nutzen. Diese Personen wiesen eine höhere Nutzungsfrequenz sowie höhere Einsätze auf als Personen ohne Online-Glücksspielnutzung. Auch Fehltage an der Universität und familiäre Konflikte aufgrund der Glücksspielteilnahme waren in dieser Gruppe häufiger vertreten.

6

Psychosoziale Aspekte

Die meisten Erkenntnisse zum Zusammenhang zwischen Internetsucht und assoziierten Problemlagen beruhen auf epidemiologischen oder klinischen Querschnittsdaten. Deshalb ist in vielerlei Hinsicht noch unklar, ob die bisher untersuchten weiteren Problemlagen und Beeinträchtigungen Konsequenz der Internetsucht sind oder eher zum Bereich der Risikofaktoren zählen, und demnach bereits vor der Erkrankung bestanden. Darüber hinaus ist natürlich auch ein Einfluss bislang nicht untersuchter Drittvariablen denkbar. Konkrete Aussagen über die Wirkrichtung der Zusammenhänge können derzeit also nur eingeschränkt getroffen werden.

Ganz grundsätzlich stehen die Internet- und die Computerspielsucht in Zusammenhang mit einer Reihe verschiedener negativer Aspekte im psychosozialen Bereich. Nicht zuletzt definiert sich

Internetsucht auch ein Stück weit hierüber. So findet sich unter den Kriterien, welche die American Psychiatric Association im DSM-5 (2013) zur Klassifizierung der Internet Gaming Disorder festgelegt hat, das Kriterium des fortgeführten Konsums trotz negativer Konsequenzen sowie die Gefährdung wichtiger zwischenmenschlicher Beziehungen durch das Verhalten (▶ Kap. 8). Nicht zuletzt sind es eben diese negativen Folgeerscheinungen, die bei Patienten mit Internetsucht dazu führen, dass ein Leidensdruck erkennbar wird und externe Hilfe in Anspruch genommen wird.

Zur Veranschaulichung der vielfältigen negativen Folgeerscheinungen, die eine Internetsucht für den Betroffenen mit sich bringen kann, beinhaltet Abbildung 4 eine Übersicht für verschiedene Befragungsgruppen. Die Daten sind standardisierten Erhebungen entnommen, welche in weiterführenden Arbeiten publiziert sind (vgl. Müller, Beutel et al. 2014; Wölfling et al. 2011). Sie beziehen sich auf epidemiologische Daten (Personen der Allgemeinbevölkerung, die über einen diagnostischen Fragebogen als internetsüchtig klassifiziert wurden) und auf klinische Daten von Jugendlichen (Alter 12–17 Jahre) und Erwachsenen (Alter 18–67 Jahre), welche die Kriterien der Internetsucht erfüllen.

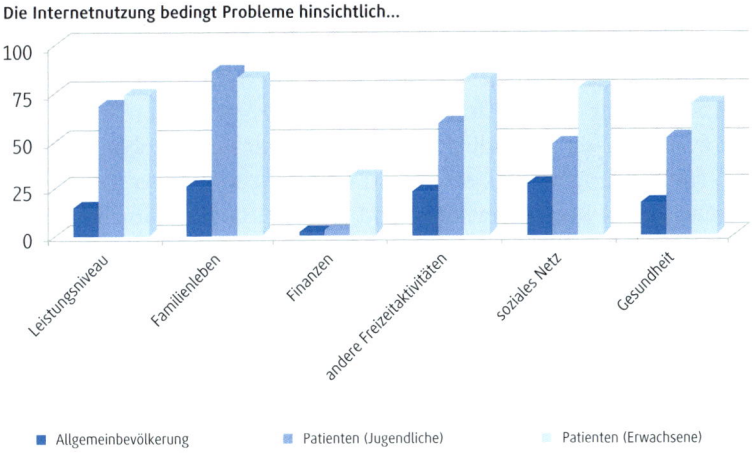

Abb. 4: Negative Folgen der Internetsucht in klinischen und nicht-klinischen Stichproben.

Der Grafik kann entnommen werden, dass sich die negativen Folgen innerhalb der klinischen Gruppen der Befragten ähneln. Familiäre Probleme werden sowohl von Jugendlichen als auch Erwachsenen am häufigsten mit Internetsucht in Verbindung gebracht, gefolgt von leistungsbezogenen Defiziten und der Vernachlässigung anderer Freizeitaktivitäten sowie des Freundeskreises. Auch gesundheitliche Probleme werden von etwa einem Viertel der Erwachsenen und knapp der Hälfte der Jugendlichen ins Feld geführt. Demgegenüber scheinen in der Stichprobe der Allgemeinbevölkerung negative Konsequenzen eine deutlich geringere Rolle zu spielen. Dies ist nicht weiter verwunderlich, kann man doch davon ausgehen, dass es erst das Auftreten bzw. die Wahrnehmung von unerwünschten Folgeerscheinungen des Verhaltens ist, die mit einer Behandlungsmotivation einhergeht. Auf den folgenden Seiten werden die hier dargestellten Ergebnisse nun vertieft ausgeführt.

6.1 Negative Auswirkungen auf das Leistungsniveau

Immer wieder finden sich in der Literatur Verweise darauf, dass insbesondere bei Jugendlichen mit exzessiver oder problematischer Internetnutzung von einer Beeinträchtigung kognitiver Leistungen (wie etwa der Konzentrations- und Aufmerksamkeitsfähigkeit) auszugehen ist (z. B. Batthyany et al. 2009; Chan und Rabinowitz 2006; Mößle et al. 2006; Müller et al. 2015). Auf theoretischer Ebene gibt es mehrere Erklärungsansätze hierfür. Die zwar recht simple, jedoch logische Displacement-Hypothese (Huston et al. 1992) besagt, dass das Computerspielverhalten Jugendlicher allein schon durch seine Zeitintensität zwangsläufig zu einer Verdrängung anderer Aktivitäten, wie zum Beispiel Lernen und Schlafen führt und sich somit negativ auf Schulleistungen auswirkt.

6.1 Negative Auswirkungen auf das Leistungsniveau

Andere Theorien, die ursprünglich für den Bereich der Bildschirmmediennutzung (z. B. TV-Konsum) formuliert wurden, gehen davon aus, dass eine intensive Mediennutzung den Aufbau von Gedächtnisspuren stört. Konkret wird vermutet, dass das Erleben von psychischem oder physiologischem Arousal (ein unbestimmter Zustand der Erregtheit) die Konsolidierungsphase von im Arbeitsgedächtnis zwischengespeicherten Lerninhalten beeinträchtigt.

Einzelne Erhebungen aus der Arbeitspsychologie legen nahe, dass auch im Erwachsenenalter eine kognitive Ablenkung von den eigentlichen Arbeitsinhalten vorliegt, wenn der Arbeitnehmer einen uneingeschränkten Zugriff auf das Internet hat (Beard 2002). Spezielle Untersuchungen zum Zusammenhang zwischen Arbeitsleistung und Internetsucht sind derzeit zwar nur sehr eingeschränkt verfügbar, jedoch zeigt die klinische Praxis, dass nicht zuletzt Defizite in der Leistungsfähigkeit den Entschluss, eine Behandlung zu beginnen, begünstigen können (z. B. Young 1999; Beutel et al. 2011). Betroffene berichten im Rahmen der Anamnese beispielsweise häufig vom Gefühl, den anfallenden Arbeitsanforderungen nicht ausreichend nachkommen zu können, weil sie nachlässig, unaufmerksam und unkonzentriert seien. Einbußen in der Arbeitseffizienz sind oft die Folge.

Daneben gibt es für den deutschen Sprachraum auch erste Hinweise auf Zusammenhänge zwischen Internetsucht und hierdurch bedingten direkten Arbeitsausfällen. In ihrer Interviewstudie an 196 Personen zeigten Bischof und Kollegen (2013), dass Betroffene mit Internetsucht an durchschnittlich 30,7 Tagen im Jahr über zumindest leichte Einschränkungen täglicher Aufgaben berichteten. Dieser Wert belief sich bei Personen, die das Internet zwar regelmäßig, jedoch nicht suchtartig nutzten, auf lediglich 3,3 Tage. Innerhalb der Gruppe der Internetsüchtigen wurde zudem die Anzahl der Tage pro Jahr, an denen aufgrund der Internetnutzung ein Arbeitsausfall zu verzeichnen war, auf 5,6 Tage beziffert, verglichen mit nur 0,1 Tagen bei gesunden Internetnutzern.

Nach klinischer Erfahrung sowie ersten empirischen Daten geben berufstätige Betroffene an, den suchtartigen Konsum zwar zunächst auf den privaten Rahmen beschränkt zu haben, schließlich sei aber das Verlangen nach den problematischen Internetinhalten auch in anderen Kontexten derart übermächtig geworden, dass entsprechende Seiten auch vom PC am Arbeitsplatz aus aufgerufen wurden (Beutel et al. 2011; Young und Case 2004). Diese zuerst als Ausnahmen wahrgenommenen Vorfälle verfestigen sich im Allgemeinen und führen zu einem regelhaften Konsumverhalten am Arbeitsplatz.

> **Transfer: Diagnostische Relevanz des Konsums am Arbeitsplatz**
> In der Anamnese sollte stets auch erfragt werden, zu welchen Gelegenheiten der Konsum erfolgt. Wird von wiederholtem oder zunehmendem Konsumverhalten in der Arbeitszeit berichtet, so deutet dies auf eine Toleranzentwicklung bzw. einen fortschreitenden Kontrollverlust hinsichtlich des Nutzungsverhaltens hin.

Daneben ergeben sich Hinweise darauf, dass es bei Betroffenen überdies zu einer Verringerung des sozialen Kontakts am Arbeitsplatz kommen kann, da eine Distanzierung von den Arbeitskollegen erfolgt (Young 1999). Dieser Umstand steht in Konsistenz mit dem klinischen Bild der Internetsucht, welches sich durch einen steigenden sozialen Rückzug kennzeichnet, der sich auf die Familie, Freunde und eben auch Arbeitskollegen beziehen kann.

Vor diesem Hintergrund ist anzunehmen, dass eine sukzessive Verminderung der Arbeitszufriedenheit bei Betroffenen eine wahrscheinliche Konsequenz des Suchtverhaltens ist. Hierfür verantwortlich sind sicherlich die oben dargestellten Umstände, ebenso wie suchtbezogene Wahrnehmungsverzerrungen: Tätigkeiten jenseits der Internetnutzung werden als unbefriedigend und nicht lohnenswert bewertet; dies schließt Tätigkeiten am Arbeitsplatz, die früher einmal eine Quelle der Belohnung und Bedürfnisbefriedigung gewesen sein können, natürlich mit ein.

> **Merke**
> Nach wie vor ist der zeitliche Abstand zwischen dem ersten Auftreten von Symptomen der Internetsucht und dem Beginn einer entsprechenden Behandlung groß. In der Praxis zeigt sich häufig, dass Betroffene insbesondere über nachlassende Leistungen am Arbeitsplatz ein Problembewusstsein hinsichtlich der negativen Folgen des Internetkonsums entwickeln. Folglich kann die betriebliche Gesundheitsvorsorge bzw. Suchtberatung eine wesentliche Rolle in der Erstberatung internetsüchtiger Angestellter einnehmen sowie – falls notwendig – weiterführende Maßnahmen einleiten, wie etwa eine Kontaktvermittlung in spezielle Hilfeeinrichtungen. Die Sensibilisierung von Akteuren aus dem betrieblichen Gesundheitsmanagement für das Thema Internetsucht könnte eine schnelle Unterstützung des Betroffenen ermöglichen und einer Chronifizierung vorbeugen.

6.2 Negative finanzielle Auswirkungen

Im Gegensatz zum Pathologischen Glücksspiel treten finanzielle Konsequenzen bei der Internetsucht weniger in Erscheinung, kommen aber als indirekte Folge durchaus in Form von Verdienstausfällen oder Unzuverlässigkeit in finanziellen Angelegenheiten (z. B. Stellen eines neuen Bafög-Antrags bei Studenten) vor. Allerdings lassen sich in letzter Zeit bei computerspielsüchtigen Patienten auch direkte finanzielle Schwierigkeiten aufgrund der Suchtproblematik beobachten. Der Grund hierfür sind Bezahlsysteme (sogenannte Monetarisierungsstrategien) innerhalb von Online-Computerspielen, die immer stärker zu einem festen Bestandteil dieser eigentlich gratis zur Verfügung stehenden Spiele werden (vgl. z. B. Dreier et al. 2016). Ein Beispiel für eine derartige Monetarisierungsstrategie ist das sogenannte »Digital Item Selling« (Hamari und Lehdonvirta 2010), also der Zukauf (und potenzielle Weiterverkauf) von virtuellen Gegenständen, die innerhalb des Spiels eine Bedeutung haben (z. B. bessere Waffen oder Ausrüstung, um ein bestimmtes Level zu bewältigen). Obwohl derartige Gegenstände meist nicht sehr teuer sind, darf nicht außer Acht gelassen werden, dass die Anzahl der gekauften Gegenstände bei einer intensiven Beschäftigung mit Onlinespielen entsprechend hoch ausfällt (▶ Kap. 5).

Weitreichender wirken sich die finanziellen Konsequenzen des Suchtverhaltens hingegen in einem anderen Bereich onlinesüchtigen Verhaltens aus – der Online-Glücksspielsucht. Hier kommt es ähnlich wie bei anderen Varianten glücksspielsüchtigen Verhaltens zu einem raschen Anhäufen von Schulden. Diese resultieren aus einem Teufelskreis, in dem sich der Spielsüchtige befindet: Statt bei erlittenen finanziellen Verlusten das Spielverhalten zu überdenken, zu reduzieren oder gar einzustellen, kommt es zu einer Intensivierung. Durch dieses sogenannte Chasing versucht der Betroffene, durch häufigeres Spielen und höhere Einsätze seinen Verlusten »hinterherzujagen«. Experten gehen davon aus, dass insbesondere die Online-Glücksspielsucht mit rapiden finanziellen Verlusten in Zusammenhang steht. Diese Annahme ist darauf zurückzuführen, dass die Einzahlmöglichkeiten im Internet kein subjektives Gefühl des Geldtransfers vermitteln. Durch wenige Klicks können Beträge von der Kreditkarte abgebucht und das Spiel fortgesetzt werden. Das haptische Erleben der Reduktion des Geldes entfällt hier, was eine erhebliche Gefahr für finanzielle Verluste darstellt.

> **Merke**
> Zwar steht Internetsucht, mit Ausnahme der Online-Glücksspielsucht, nicht auf den ersten Blick mit negativen finanziellen Folgen in Zusammenhang, jedoch besteht aufgrund bestimmter Computerspiele, in welchen Monetarisierungsstrategien implementiert sind, zunehmend die Gefahr, dass z. B. durch Zukäufe von Items erhebliche Geldbeträge aufgewendet werden (sogenannte. Pay-to-Win Spiele). Da sich Online-Computerspiele in den letzten Jahren

inhaltlich und konzeptionell konstant weiterentwickelt haben, besteht die Möglichkeit, dass sich in künftigen Patientengenerationen das zusätzliche Problem einer Überschuldung ganz neu definiert.

6.3 Negative Auswirkungen auf körperlicher Ebene

Vergleichsweise deutlich zeigen sich Zusammenhänge zwischen exzessivem und suchtartigem Internetnutzungsverhalten und Schlafstörungen – und somit auch den hiermit verbundenen Problemen wie z. B. Müdigkeit, Abgeschlagenheit, Konzentrations- und Aufmerksamkeitsproblemen sowie Gedächtnisschwierigkeiten (Fuligni und Hardway 2006; Van den Bulck 2004; Cheung und Wong 2011). Aus zahlreichen Patientenberichten und anhand von epidemiologischen Studien geht hervor, dass sich der Tag-Nacht-Rhythmus von Menschen mit Internetsucht oftmals verschiebt. Häufig liegt der Grund darin, dass die Betroffenen ihrem Verlangen nach dem Konsum des Onlineangebots bis tief in die Nacht hinein nachgehen.

Gerade bei Internetangeboten wie Online-Rollenspielen, aber auch bei sozialen Netzwerken, ist zudem immer der Gedanke präsent, etwas Wichtiges zu verpassen, wenn die betreffende Person nicht online sein kann (sogenannte Fear of Missing Out; Reinecke et al. 2016). So kann im Online-Rollenspiel beispielsweise eine Aufgabe unerledigt geblieben sein oder eine Gefahr für den inaktiven Avatar vermutet werden. In sozialen Netzwerken kann schon der nächste unbeantwortete Post auf den Profilbesitzer warten und eine Rückmeldung erfordern. Das alles erzeugt den Druck, ständig online bleiben zu müssen, und lässt den Betroffenen gedanklich nicht wirklich abschalten. Somit hallen die Gedanken an das Virtuelle im Betroffenen nach, Konversationen, unbeantwortete Posts oder nicht eindeutige Nachrichten werden nochmals analysiert und auch wenn der Betroffene im Bett liegt, halten ihn diese Gedanken wach. Merkt der Betroffene, dass das Einschlafen schwerfällt, versucht er, der aversiven Situation im ungünstigsten Fall durch »Ablenkung« in Form weiteren Internetkonsums zu entkommen. Auch hier zeigen sich also die bereits zuvor erörterten Mechanismen: Die Wahrnehmung eines als unangenehm erlebten emotionalen Umstandes löst eine kognitive Bewertung der Situation aus. Resultat ist, dass die Situation übersteigert negativ bewertet wird (dysfunktionaler Gedanke: »Ich werde heute Nacht nicht mehr einschlafen können, wenn ich einfach so liegen bleibe«) und Gegenmaßnahmen gesucht werden, die wiederum der Ausführung des Problemverhaltens entsprechen, welches eigentlich als Auslöser der aversiven Ausgangssituation angesehen werden muss. Dies beschreibt einen der vielen Teufelskreise in diesem vielschichtigen Suchtgeschehen.

> **Vertiefung: Digitaler Stress durch das Phänomen Fear of Missing Out**
> Weiter oben wurde beschrieben, dass das Gefühl, Dinge unerledigt gelassen zu haben, dazu beiträgt, dass Betroffene sich gedanklich nicht vom Virtuellen zu lösen vermögen. Dieses Gefühl wird in der internationalen Literatur mittlerweile als »Fear of Missing Out« (»FOMO-Syndrom«) bezeichnet und stellt sozusagen einen Stressor unserer heutigen vernetzten Zeit dar. In einer repräsentativen Erhebung in Deutschland konnten Reinecke und Kollegen (2016) zeigen, dass dieses Phänomen in allen untersuchten Altersgruppen ein wichtiger Prädiktor für das Erleben von Stress und – im weiteren Verlauf – für depressive Verstimmungen ist.

Ein weiterer Grund für die Verlagerung der Nutzungszeiten in die Nacht ist die Bestrebung, das Konsumverhalten vor anderen Personen zu verheimlichen. So berichten gerade jugendliche Patienten mit Internetsucht, dass sie elterliche Kontrolle umgehen, indem sie den PC erst dann wieder hochfahren, wenn sie sicher sein können, dass die Eltern bereits zu Bett gegangen sind (vgl. auch Wölfling und Müller 2010). Bei erwachsenen Patienten kann dieses Verhalten allerdings ebenfalls beobachtet werden. Eine gewisse Häufung ist hier bei Patienten mit einer Online-Sexsucht feststellbar. Der Konsum wird in die Nachtstunden verlegt, damit der Partner nicht auf das Verhalten aufmerksam wird.

> **Transfer: Diagnostische Relevanz der Nutzungszeiträume**
> Auch für den diagnostischen Prozess kann eine Abklärung der zeitlichen Häufung des Konsumverhaltens aufschlussreich sein. Indikatoren für einen problematischen oder auch suchtartigen Konsum können Schlafstörungen sein, welche von einem dysfunktionalen Nutzungsverhalten (wieder aufstehen und den PC hochfahren) begleitet werden, oder aber auch die gezielte Verlagerung der Nutzung in die Nachtstunden zu Verheimlichungszwecken. Eine vom Patienten zunächst nicht bewusst registrierte zeitliche Verlagerung des Konsums kann auf einen Kontrollverlust hinweisen. Hier empfiehlt sich ein Vergleich der Nutzungsgewohnheiten von vor einem Jahr mit der aktuellen Situation.

Weitere negative Folgeerscheinungen auf somatischer Ebene ergeben sich hinsichtlich des Ess- und Hygieneverhaltens. Häufig schildern Patienten, dass sie eilig direkt am PC eher unausgewogene Mahlzeiten zu sich nehmen oder aber auch Mahlzeiten ausfallen lassen bzw. vergessen, weil sie sich so sehr von den Internetinhalten vereinnahmen lassen. Oftmals führt selbst der Gedanke an Essen oder Schlaf nicht dazu, dass dem biologisch gesehen eigentlich viel grundlegenderen Bedürfnis nachgegangen wird; in der Bedürfnishierarchie hat es zu sehr an Bedeutung verloren, als dass es unmittelbar verhaltenswirksam werden könnte.

Auch hier lässt sich eine Entsprechung bisheriger neurowissenschaftlicher Befunde auf Verhaltensebene finden: Das Gehirn »verlernt« im Laufe der Suchterkrankung, auf natürliche Verstärkerreize adäquat und in der eigentlich vorgeschriebenen Intensität zu reagieren.

Anders ausgedrückt: Es erfolgt eine Umstrukturierung in der Bedürfnishierarchie. Das Bedürfnis nach dem Spiel oder der Onlineaktivität rückt zunehmend in die obersten Ränge und verdrängt andere, für das Überleben eigentlich wichtigere Elemente. Dies kann als Folge der aus dem Takt geratenen Neurochemie des Belohnungssystems und der Anreizhervorhebung des Suchtmittels verstanden werden. Somit verdrängt die Internetsucht nicht nur andere, vormals geschätzte Freizeitaktivitäten, durch welche psychische und soziale Bedürfnisse gestillt werden, sondern auch biologische Grundbedürfnisse.

Auch die einseitige körperliche Belastung bzw. fehlende körperliche Auslastung auf Grund exzessiver Bildschirmzeiten kann auf lange Sicht mit negativen gesundheitlichen Konsequenzen verbunden sein. So finden sich in der Literatur Hinweise auf eine reduzierte allgemeine körperliche Leistungsfähigkeit bei Patienten mit Internetsucht. Ebenso konnten Probleme im Bereich des muskuloskeletalen Systems nachgewiesen werden, wie etwa Sehnenverkürzungen, Sehnenscheidenentzündungen und Haltungsschäden, für die die langjährige stereotype Haltung vor dem PC-Monitor verantwortlich sein kann (Brendel et al. 2010; Chuang 2006; Griffiths 2005).

In neueren Arbeiten finden sich darüber hinaus Hinweise auf weitere neurobiologische Funktionsstörungen, beispielsweise des autonomen Nervensystems und bestimmter hormoneller Prozesse. Eine asiatische Forschergruppe konnte erstmals bei Jugendlichen mit Internetsucht Auffälligkeiten in der Herzfrequenzvariabilität nachweisen (Lin et al. 2014). Hierunter versteht man die Anpassung der Herzfrequenz durch Aktivierung des sympathischen oder parasympathischen Nervensystems an die jeweils gerade geltenden Anforderungen der Umwelt (z. B. Hochregulation der Herzfrequenz bei körperlicher Anstrengung oder akuter Gefährdung des Organismus). Bei den untersuchten 240 Jugendlichen zeigte sich eine dysfunktionale Anpassung des Organismus durch eine deutliche Überaktivierung des eigentlich in Stresssituationen agierenden sympathischen Nervensystems in nicht belastenden Situationen. Ob eine derartige einseitige Aktivierung auf lange Sicht zu weiterführenden Schädigungen von organischen Strukturen wie beispielsweise des Herzmuskels führt, ist derzeit nicht absehbar. Allerdings finden sich z. B. für das Pathologische Glücksspiel zahlreiche empirische Belege für eine höhere Rate von koronaren Herzerkrankungen und Tachykardien, sodass für Internetsucht unter Umständen ähnliche Zusammenhänge anzunehmen sind (Franco et al. 2010; Germain et al. 2011).

Als weitere negative Konsequenzen können die auf neurobiologischer Ebene festgestellten Phänomene, wie etwa die dysfunktionale Sensibilisierung dopaminerger Belohnungszentren, sowie Veränderungen hinsichtlich der Dopamin-Rezeptorverfügbarkeit (z. B. Zhou et al. 2011) diskutiert werden (▶ Kap. 4).

> **Fazit: Somatische und psychosomatische Symptome in der Behandlung von Internetsucht**
> Schlafstörungen, bestimmte Mangelerscheinungen und Probleme im Bewegungsapparat sind zusätzliche Problematiken, die bei Betroffenen mit Internetsucht festgestellt werden können. Bei der Behandlung solcher Patienten sollte daher immer auch zusätzlich Wert darauf gelegt werden, diese Begleitsymptomatiken erstens anamnestisch zu eruieren und zweitens entsprechende Gegenmaßnahmen einzuleiten. So können Maßnahmen zur Schlafhygiene sowie eine schrittweise Erhöhung des körperlichen Aktivitätsniveaus angeraten sein. Bei bereits bestehenden Schädigungen, z. B. des Bewegungsapparates, sollte eine zusätzliche somatomedizinische Versorgung eingeleitet werden. Auch das Hinzuziehen eines Ernährungsmediziners kann sinnvoll sein.

6.4 Negative Auswirkungen auf das Sozialverhalten und die soziale Einbindung

Ein häufig auftretendes Phänomen als Konsequenz der Internetsucht ist die soziale Isolation im Verlauf der Erkrankung (Kim et al. 2009;

Müller et al. 2015; Tsitsika et al. 2014). Oft zeigt dieses Phänomen einen schleichenden Verlauf, der durch die exzessive Beschäftigung mit dem Internet verstärkt wird. Es erfolgt eine Umstrukturierung der sozialen Zeitkapazitäten, bei der reale soziale Kontakte zunehmend vernachlässigt werden und virtuellen Kontakten (z. B. Chatpartner, Gilde im Online-Rollenspiel) mehr Zeit gewidmet wird. Dieser Abbruch von Beziehungen hat die ungünstige Wirkung, dass der Betroffene realen sozialen Rückhalt verliert und sich die Pflege virtueller Sozialkontakte intensiviert. Die Diskrepanz in der Wahrnehmung der virtuellen und realen Welt durch die subjektive Realität des Betroffenen wird so verstärkt. Während die Offline-Welt in ihren Anreizen abnimmt, liefern die virtuellen Sozialkontakte in der Onlinewelt Unterstützung und Halt in einer Zeit, in der sich Kontakte aus der realen Welt abwenden.

> **Transfer: Frühzeitige Intervention bei Internetsucht**
> Durch den Wegfall sozialer Kontakte und das damit verbundene Ausbleiben sozialer Bestätigung (z. B. über das Ausfüllen einer sozialen Rolle) erfolgt in vielen Fällen ein verstärkter Rückzug in die virtuelle Realität und eine Überbewertung der dort zahlreich verfügbaren Sozialkontakte. Um der Krankheitsentwicklung frühzeitig entgegenzuwirken, ist es essenziell, dass Familienmitglieder, Freunde oder weitere Angehörige bzw. auch extern Zuständige (z. B. Klassenlehrer, Arbeitgeber, Ausbildungsbeauftragte etc.) den Kontakt zum Betroffenen – auch entgegen einiger Widrigkeiten wie wiederholt abgesagte Verabredungen oder Auseinandersetzungen – aufrecht erhalten.

Zwar weisen etliche empirische Erhebungen darauf hin, dass Internetsucht mit einer größeren erlebten Einsamkeit einhergeht, jedoch stellt sich natürlich auch hier die Frage, ob diese erhöhten Einsamkeitsgefühle tatsächlich Folge des Suchtverhaltens sind oder ob die soziale Isolation erst zur Entstehung des Suchtverhaltens geführt hat. Hier zeigen erste längsschnittliche Untersuchungen an Jugendlichen,

6.4 Negative Auswirkungen auf das Sozialverhalten und die soziale Einbindung

dass offensichtlich beides der Fall sein kann. So konnten geringes Selbstvertrauen, geringe soziale Kompetenz und hohe erlebte Einsamkeit als Faktoren identifiziert werden, die das Auftreten einer Computerspielsucht begünstigen (Lemmens et al. 2011). Gleichzeitig nahm die erlebte Einsamkeit mit der Entwicklung einer Computerspielsucht zu. Folglich erleben Personen mit ohnehin schon geringerer sozialer Anbindung, die sich im Internet oder in Computerspielen verlieren, durch die drastische Verschiebung des Sozialverhaltens in den virtuellen Raum keine Besserung dieser erlebten Defizite, sondern im Gegenteil eine Verschärfung der Problematik.

7

Ätiologie

Empirisch überprüfte Störungsmodelle sind ein zentraler Bestandteil in der klinischen Forschung. Durch das Aufstellen derartiger Modelle, die möglichst nicht nur deskriptiv sind, sondern auch Einblicke in ursächliche Faktoren sowie Verlaufsdynamiken gewähren, kann ein tieferes Störungsverständnis erlangt werden. Darüber hinaus können auf praktischer Ebene wichtige Ableitungen für die Bereiche der Prävention (z. B. Art der Kommunikation von Präventionskampagnen), Frühintervention (z. B. gezieltes Ansprechen von Risikopopulationen) und Psychotherapie (z. B. Gestaltung von psychoedukativen Materialien oder Implementierung von Maßnahmen zur Rückfallprophylaxe) getroffen werden.

Für die Internetsucht existieren verschiedene mehr oder weniger differenzierte Ansätze zur Charakterisierung des Störungsbildes und Beschreibung seiner Entstehung. Positiv herauszustellen ist der Trend, dass die zuvor eher induktiv erarbeiteten Modelle mittlerweile einer empirischen Evaluation unterzogen werden. Dennoch existiert derzeit kein umfassendes Modell, welches die Komplexität des Störungsbildes hinlänglich abdeckt und in ganzer Breite empirisch überprüft ist (für eine vertiefte Diskussion siehe Müller 2013, S. 77 ff, sowie Petersen 2014, S. 110 ff).

Auf den folgenden Seiten sollen zunächst allgemeine Überlegungen zur Entstehung der Internetsucht dargelegt werden, bevor näher auf spezifische Störungsmodelle eingegangen wird. Obgleich es mittlerweile eine Vielzahl an Veröffentlichungen zu theoretischen Annahmen gibt, wird der Schwerpunkt der Darstellung auf jene Modelle gelegt, für welche bereits empirische Daten vorliegen.

7.1 Allgemeine Modelle zur Internetsucht

Im Zusammenhang mit der anhaltenden Debatte über die nosologische Verortung der Internetsucht findet man nach wie vor unterschiedliche Haltungen darüber, ob Internetsucht dem Formenkreis der Abhängigkeitserkrankungen, der Impulskontrollstörungen oder der Beziehungsstörungen zuzurechnen ist (siehe hierzu auch Petersen 2014, S. 110 ff). Wie bereits in Kapitel 4 dargestellt, erleben wir eine zunehmende Evidenz dafür, dass sich auf neurobiologischer Ebene deutliche Parallelen zwischen Internet- und Computerspielsucht und anderen Abhängigkeitserkrankungen, wie etwa Alkoholabhängigkeit oder Pathologisches Glücksspiel, finden lassen (für eine Übersicht siehe z. B. Grant et al. 2010, sowie Kuss und Griffiths 2012). Insbesondere lassen entsprechende Befunde darauf schließen, dass das Prinzip der Anreizhervorhebung (Incentive Sensitization; Robinson und Berridge 2008) auch bei der Internetsucht eine große Rolle spielt. Ausgehend von diesen Befunden scheint sich also die Verortung der Internetsucht in den Bereich der substanzungebundenen Abhängigkeitserkrankungen anzubieten und sich demnach das Modell der Verhaltenssucht (Grüsser und Thalemann 2006) durchzusetzen. Der Kerngedanke des Verhaltenssuchtmodells besteht in der Annahme, dass eine psychische Abhängigkeit unabhängig von der direkten Wirkung einer psychoaktiven Substanz eintreten kann. Die wiederholte und schließlich exzessive Ausführung ganz bestimmter Verhaltensweisen (z. B. Teilnahme an Glücksspielen, Kaufhandlungen, Sexualverhalten, Internetnutzung) und die damit gekoppelten Belohnungseffekte gehen mit Konditionierungsprozessen einher. Diese führen zu einer Erhöhung der Wahrscheinlichkeit eines erneuten Auftretens der Verhaltensweise – auch in inadäquaten Situationen und entgegen damit verbundener negativer Konsequenzen in anderen Lebensbereichen. Auf psychologischer Ebene wird demnach angenommen, dass das Individuum gegenüber dem spezifischen Verhalten eine bestimmte Belohnungserwartung aufbaut und durch wiederholte Koppelungen konsolidiert, sodass das Verhalten in der Bedürfnishierarchie einen immer höheren Stellenwert einnimmt. Durch diese Überbewertung werden andere Verhaltensweisen mit geringerem Anreiz in den Hintergrund gedrängt. Als neurobiologisches Korrelat wird eine Sensitivierung des mesolimbischen dopaminergen Belohnungssystems vermutet, welche in Bezug auf andere Abhängigkeitserkrankungen bereits nachgewiesen wurde (▶ Kap. 4).

Das Modell, das sich auf Verhaltenssüchte im Allgemeinen bezieht, wurde in der Zwischenzeit von der Arbeitsgruppe um Kuss (2013) speziell auf die Internetsucht angepasst und – in Teilen – weiter ausdifferenziert. Im sogenannten Komponentenmodell der Internetsucht, dessen Validität durch empirische Daten gestützt wird (Kuss et al. 2013; Kuss et al. 2014), wird die Existenz von allgemeinen Vulnerabilitätsfaktoren für Suchterkrankungen (sogenannten distalen Faktoren) hervorgehoben, die sich an der biopsychosozialen Sichtweise orientieren. Das Vorliegen dieser Risikofaktoren soll zunächst mit einer allgemeinen Anfälligkeit für verschiedene Suchterkrankungen einhergehen; die konkrete Form suchtartigen Verhaltens hingegen soll sich erst durch frühe Konsumerfahrungen und damit verbundene psychische und neurobiologische Lernprozesse (sogenannte proximale Faktoren) herauskristallisieren. Eine übergeordnete Rolle spielen also auch hier dysfunktionale Lernprozesse, welche über subjektiv erlebte Konflikte, Emotionsregulation, Toleranzentwicklung, Entzugssymptome, Rückfallgeschehen und Salienz bzw. Belohnungserwartung zu einer Internetsucht führen.

Eine auf den ersten Blick konträr erscheinende Position wird durch das tiefenpsychologisch orientierte Modell vertreten (vgl. z. B. Schuhler et al. 2009; Petry 2010). Im Kern versteht dieses Modell das exzessive Nutzungsverhalten als Ausdruck einer zu Grunde liegenden Beziehungsstörung. Es wird angenommen, dass spezifische primäre Problemlagen, wie etwa ein defizitär ausgeprägter Selbstwert, vom Betroffenen durch den Rückzug in virtuelle Kontexte kompensiert werden und sich auf dieser Grundlage ein dichotomisiertes Erleben der Affektregulation und der sozialen Interaktion entwickelt. Eine Bedürfnisbefriedigung wird ausschließlich im virtuellen Bereich erwartet bzw. erlebt, während sie dem Individuum außerhalb dieses Kontextes versagt bleibt.

Von tiefenpsychologischer und psychodynamischer Warte aus wird die sich zunehmend auflösende Ich-Verankerung in der Realität als wichtiger psychopathologischer Prozess, der die suchtartige Nutzung befördert, herausgehoben. Der Patient vollzieht einen Rückzug in eine Parallelwelt, die einen hohen emotionalen Aufforderungscharakter durch eine intensive Aufladung mit persönlichen und stark individualisierten Werten aufweist. In der Realität unbefriedigte Bedürfnisse werden zumindest kurz- und mittelfristig bedient, die virtuelle Realität dient somit letztendlich als Objektersatz. Tiefenpsychologisch gesehen spielen also besonders jene Erfahrungen, die nicht (mehr) in der Realität gemacht werden und damit einhergehende defizitäre (sozioemotionale) Kompetenzen eine zentrale Rolle in der Behandlung (vgl. z. B. Albertini und te Wildt 2014).

Das Fortschreiten der technischen Entwicklung forciert zudem den Effekt der Immersion: Das Absorbiert-werden durch virtuelle Räume wird durch neue Dimensionen der Mensch-Maschine-Interaktion (z. B. virtuelle Brillen) sowie individualspezifische Rückkoppelungsprozesse, wie sie in Online-Computerspielen bereits vielfach implementiert sind, und natürlich durch die ortsungebundenen Zugriffsmöglichkeiten auf das Internet vereinfacht (z. B. Bilke-Hentsch 2014).

7.2 Spezifische Modelle zur Ätiologie der Internetsucht

Insbesondere das oben angeführte Verhaltenssuchtmodell stellt einen brauchbaren theoretischen Rahmen zur phänomenologischen Erklärung von exzessiv suchtartigen Verhaltensweisen dar. Die getroffenen Annahmen sind jedoch logischerweise sehr allgemein gehalten, erhebt das Modell schließlich den Anspruch, die Dynamiken verschiedener Verhaltenssüchte im Sinne einer Metaebene zu beschreiben. Um die einzigartigen Mechanismen von einzelnen Formen der Verhaltenssucht, wie etwa der Internetsucht, verstehen zu können, werden jedoch dezidiertere Modelle benötigt.

Während sich die frühe Forschung zur Internetsucht in der Hauptsache mit der Identifizierung einzelner Korrelate befasste, die im Sinne von Risikofaktoren interpretierbar sind (z. B. demographische Variablen, Persönlichkeitsmerkmale, psychobiologische Faktoren) und deren Ergebnisse über lange Zeit hinweg mehr oder weniger isoliert nebeneinander standen, ist in den letzten Jahren der Trend zur Aufstellung umfassender Modelle zu beobachten. In der Zwischenzeit präsentieren mehrere theoretische Ansätze ihre Annahmen nicht nur intuitiv, sondern theoretisch begründet und – in Teilen – empirisch überprüft. Diese sollen im Anschluss dargestellt werden.

7.2.1 Das Integrative Prozessmodell der Internetsucht

Das Modell InPrIS wurde zunächst auf der Grundlage erster klinischer Beobachtungen formuliert und in der Folge empirisch überprüft und erweitert (Wölfling und Müller 2009). Es beschreibt in

Anlehnung an das Verhaltenssuchtmodell, in einer biopsychosozialen Sichtweise und unter Berücksichtigung des Diathese-Stress-Ansatzes die Internetsucht als Ausdruck dysfunktionaler Lernprozesse. Begünstigt wird der Aufbau zunächst exzessiver, später suchtartiger Nutzungsmuster durch vorbestehende spezifische und allgemeine Risikofaktoren, die auf individueller, sozialer und nutzungsbedingter Ebene zu verorten sind.

Die Definition der allgemeinen Risikofaktoren stützt sich auf empirische Vorbefunde bzw. theoriegeleitete Annahmen zu biopsychosozialen Vulnerabilitätsfaktoren bei psychischen Erkrankungen. Als biologische Prädispositionen werden etwa vorbestehende genetische Faktoren wie beispielsweise bestimmte Polymorphismen in der Bildung und Regulation von Neurotransmittern (z. B. Serotonin) angenommen. So gibt es vereinzelte Hinweise darauf, dass Internetsucht mit einer bestimmten Ausprägung eines Serotonintransportergens (5HHTLPR) einhergeht, welches auch schon im Zusammenhang mit depressiven Erkrankungen und einigen anderen Substanzabhängigkeiten dokumentiert wurde. Somit ergeben sich Hinweise auf eine defizitäre Serotoninregulation bei Betroffenen (z. B. Lee et al. 2008).

Auf psychologischer Seite werden erhöhte Ausprägungen des Persönlichkeitsmerkmals Neurotizismus angenommen, welches einen Risikofaktor für eine Vielzahl psychischer Erkrankungen darstellt (z. B. Malouff et al. 2005). Erhöhter Neurotizismus geht zum Beispiel mit geringerer emotionaler Stabilität, einem negativen Selbstbild und erhöhter habitueller Ängstlichkeit einher. Daneben spielen möglicherweise noch erhöhte Impulsivität sowie eine erhöhte Stressvulnerabilität und – kombiniert damit – dysfunktionale Copingstrategien eine Rolle. Auf sozialer Ebene wird neben bestimmten ungünstigen Sozialisationserfahrungen auch ein negatives Familienklima als genereller Risikofaktor vermutet.

Neben diesen allgemeinen Prädispositionen geht das Modell von spezifischen Parametern aus, die konkret die Auftretenswahrscheinlichkeit einer Internetsucht begünstigen und welche sich in die Klassen allgemeine Merkmale des Internets, Umweltfaktoren und individuelle Faktoren einteilen lassen (▶ Abb. 5).

7 Ätiologie

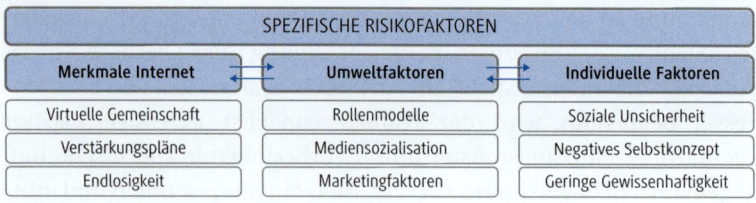

Abb. 5: Das InPrIS-Modell: Spezifische Risikofaktoren der Internetsucht.

Während sich die Forschungsergebnisse zu den internetbezogenen Merkmalen und den postulierten Umwelteinflüssen noch in Grenzen halten, sind die individuellen Faktoren recht gut erforscht. So konnte beispielsweise nachgewiesen werden, dass die Werte des Persönlichkeitsfaktors Gewissenhaftigkeit, welcher mit Selbststrukturierung und systematischer Zielverfolgung in Zusammenhang steht, bei Patienten mit Internetsucht nicht nur im Vergleich zu exzessiven Internetnutzern, sondern auch zu Patienten mit verwandten Störungsbildern, wie etwa dem Pathologischen Glücksspiel, niedriger sind (vgl. z. B. Müller et al. 2013 und Müller, Beutel et al. 2014; Kuss et al. 2013; Walther et al. 2012).

Ein Kerngedanke des Modells geht davon aus, dass sowohl die allgemeinen als auch die spezifischen Risikofaktoren zu Anpassungsschwierigkeiten an die Gegebenheiten der Umwelt führen. Diese können beispielsweise auftretende oder subjektiv erlebte bzw. überbewertete soziale Konfliktsituationen oder Probleme in Leistungssituationen sein. Gleichzeitig greift das Modell einen zentralen Gedanken des weiter oben beschriebenen tiefenpsychologischen Ansatzes von Schuhler und Kollegen (2009) auf: Es wird angenommen, dass sich wiederholende negative Erlebnisse (z. B. Misserfolg, Frustration in sozialen Beziehungen, Angst) in einer verstärkten Hinwendung zu virtuellen Kontexten resultieren. Eine Voraussetzung für diese sich in der Folge intensivierende Hinwendung stellt die lebensgeschichtlich frühe Erfahrung dar, dass sich das Individuum im Virtuellen stets sicher bewegt hat, eine starke Faszination für die zur Verfügung stehenden Inhalte verinnerlicht hat und die Erfahrung gemacht hat, dass sich sozialer Austausch vor dem Hintergrund der spezifischen Kommunikationsstrukturen, wie zum Beispiel der hohen Anonymität und Kontrollierbarkeit (vgl. Suler 2004), hier leichter realisieren lässt. Anders ausgedrückt, vollzieht sich also eine schrittweise Dichotomisierung der Kompetenzerwartung: Diese sinkt in Bezug auf realweltliche Belange, steigt jedoch hinsichtlich virtueller Inhalte.

Die fortgeführte und zeitlich ausufernde Beschäftigung mit Internetinhalten hat indes wiederum negative Konsequenzen zur Folge. Durch den sozialen Rückzug fallen potenziell belohnende Situationen im direkten Austausch mit anderen Menschen weitgehend weg, durch den hohen Zeitaufwand für die Onlinenutzung kommt es unter Umständen zu nochmals verminderten Bestrebungen, sich in realweltlichen Leistungssituationen (Schule, Ausbildung, Beruf) zu beweisen, was ebenso zu ausbleibenden Erfolgserlebnissen führt. Diese Dynamik hat zur Folge, dass insgesamt von einem weiteren Ansteigen des Stressniveaus auszugehen ist, welches im ungünstigen Fall mit dysfunktionalen Copingstrategien (z. B. Vermeidung, Verleugnung, medienfokussiertes Coping) beantwortet wird (▶ Abb. 6).

Der Übergang von der exzessiven hin zur suchtartigen Nutzung vollzieht sich in der Folge über die Manifestation von psychischen, aber auch neurobiologischen Abhängigkeitsprozessen. Neben der zunehmenden gedanklichen Eingenommenheit vom Verhalten bildet sich eine neurobiologische Sensitivierung des Belohnungssystems heraus, welche sich unter anderem in Symptomen wie Toleranzentwicklung, Interessenverlust, Entzug und Kontrollverlust niederschlägt. Kognitive Verzerrungen, wie dysfunktionale Generalisierungen (»nur online kann ich wirklich ich sein«) oder einseitiges Katastrophisieren (»wenn ich etwas Neues versuche, werde ich wieder scheitern«), verfestigen den Teufelskreis der suchtartigen Nutzung.

Daneben greifen die Prinzipien der negativen und positiven Verstärkung. Motivationale Bedürfnisse, die in der Offline-Welt nicht befriedigt werden können, wie etwa Anschluss an soziale Gruppen, Rückmeldung von Erfolg und den Selbstwert stärkende Erfahrungen, werden durch die spezifischen Merkmale der ausgeführten

7 Ätiologie

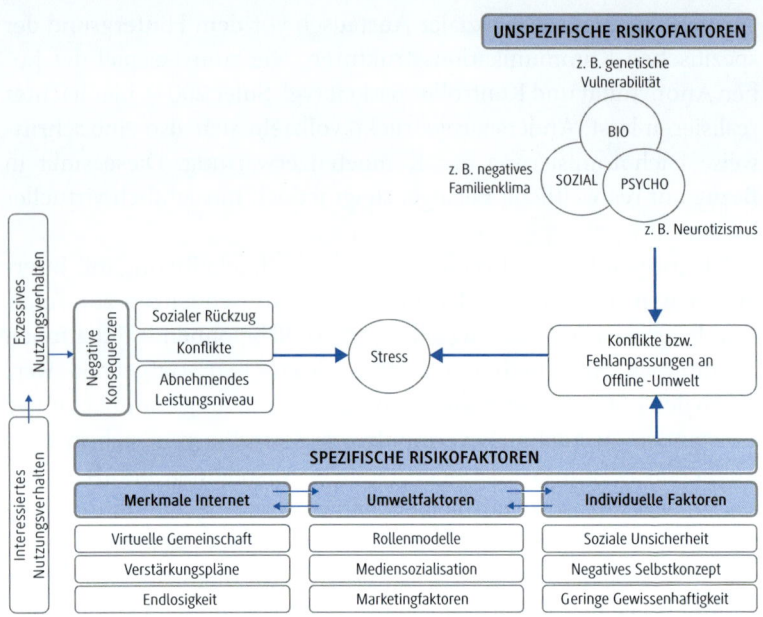

Abb. 6: Das InPrIS-Modell: Die Dynamik exzessiver Internetnutzung.

Onlineaktivität kompensiert. Dasselbe gilt für die im Alltag vorherrschende und sich zuspitzende Stressbelastung, welche über die Vertiefung in virtuelle Welten ausgeblendet wird. Im Gegensatz zur Offline-Welt werden im Virtuellen die oben genannten Bedürfnisse zunächst gestillt (positive Verstärkung; ▶ Abb. 7) – vermittelt über bestimmte Bindungsfaktoren, wie etwa die Befriedigung des Neugiermotivs, soziales Zugehörigkeitsgefühl, Rollenwechsel und erfolgreiche Rollenübernahme (z. B. Zermatten et al. 2011).

Bei der Betrachtung des vollständigen InPrIS-Modells fällt auf, dass auf der vertikalen Achse neben den Intensitätsgraden des Nutzungsverhaltens auch Annahmen über die Entwicklung des psychischen Befindens getroffen werden. Hintergrund dieser – allerdings bislang noch nicht empirisch überprüften – Annahmen ist, dass das Onlineverhalten zwar kurzfristig das Potenzial hat, basale Bedürfnisse

7.2 Spezifische Modelle zur Ätiologie der Internetsucht

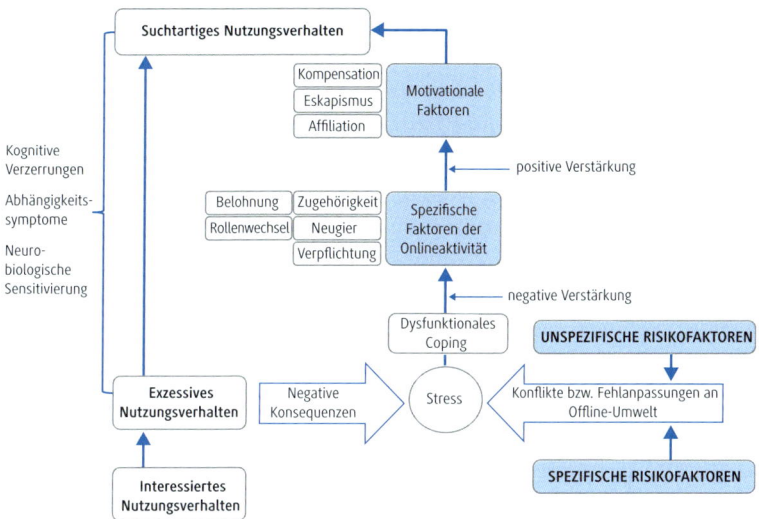

Abb. 7: Das vollständige Integrative Prozessmodell der Internetsucht.

zu befriedigen, mittel- und langfristig jedoch anzunehmen ist, dass rein technologievermittelte Erfahrungen realen Erlebnissen unterlegen sind. Um diesen abstrakten Gedanken konkreter zu fassen, könnte man anführen, dass der Austausch mit anderen Menschen über Chats oder soziale Netzwerke das grundlegende und in der Biologie verankerte Affiliationsbedürfnis von Menschen zwar kurzfristig abdeckt, dass jedoch Qualitäten wie etwa nonverbale Kommunikationssignale und physische Nähe langfristig notwendig sind, um ein dauerhaftes Gefühl von Zugehörigkeit und Gesellschaft zu erzeugen. Ausgehend von diesem Gedanken lässt sich eine spekulative Erklärung dafür finden, dass viele Betroffene erst vergleichsweise spät den Weg ins Hilfesystem suchen. Müller, Beutel und Wölfling (2014) berichten von einer durchschnittlichen Latenz zwischen dem Beginn der Problematik und der Vorstellung in einer spezialisierten Behandlungseinrichtung von fast vier Jahren. So kann man mutmaßen, dass erst nach Eintreten der Wahrnehmung, dass Bedürfnisse nicht länger über das Internetverhalten gestillt werden können, ein konkretes

Problembewusstsein erwächst und der Wunsch nach Veränderung in den Fokus rückt. Zwar ist diese Annahme noch nicht empirisch gesichert, jedoch deuten die auf qualitativer Ebene gewonnenen Befunde von Dreier und Kollegen (2016) zu Patienten mit Internetsucht, die sich in Behandlung begeben haben, in eine ähnliche Richtung.

Das sehr umfangreiche Modell konnte in zentralen Punkten bereits mit empirischen Daten untermauert werden. Insbesondere die Forschung zu individuellen Risikofaktoren, sowohl allgemeinen als auch spezifischen, ist in den letzten Jahren spürbar vorangeschritten. Die vielfältigen nationalen und internationalen Befunde stützen sehr eindeutig die Ansicht, dass der verminderten Gewissenhaftigkeit eine Schlüsselrolle beizumessen ist (z. B. Müller, Beutel et al. 2014; Kuss et al. 2013; Stavropoulos et al. 2015).

Ähnliches ist für den Faktor Neurotizismus sowie das negative Selbstbild zu verzeichnen. Hingegen musste die Rolle des in vorherigen Versionen postulierten Faktors Extraversion auf Grund der hierzu vorliegenden Forschungsbefunde revidiert werden, sodass hier der Fokus nicht mehr auf der globalen Dimension, sondern auf der Facette »soziale Unsicherheit« liegt (Müller, Beutel et al. 2014; Müller et al. 2017).

7.2.2 Das Modell der generalisierten Internetsucht nach Brand

In der Regel ist davon auszugehen, dass sich eine Internetsucht in der unkontrollierten Nutzung ganz bestimmter Internetanwendungen manifestiert und daher bestimmte Subformen angenommen werden (z. B. Computerspielsucht). Darüber hinaus finden sich jedoch auch Hinweise, dass manche Patienten ein undifferenziertes Nutzungsmuster aufweisen. Hierfür wird zunehmend die Bezeichnung der »generalisierten Internetsucht« gebräuchlich.

Diesem bislang wenig erforschten Phänomen hat sich zuletzt die Arbeitsgruppe um Brand (2014) gewidmet und einen ersten – teilweise empirisch belegten – Vorschlag zur Beschreibung der Entstehung und Aufrechterhaltung der generalisierten Internetsucht

7.2 Spezifische Modelle zur Ätiologie der Internetsucht

vorgelegt. Auch hier wird von bestimmten Prädispositionen ausgegangen, die einen Kontrollverlust in der Nutzung allerdings verschiedener Internetangebote begünstigen sollen. Die Autoren führen hier drei übergeordnete Dimensionen an: psychopathologische Symptome wie etwa Depressivität und Ängstlichkeit, dysfunktionale Persönlichkeitszüge (Neurotizismus, Schüchternheit und Prokrastination) sowie soziale Faktoren wie Einsamkeit und geringe soziale Unterstützung. Darüber hinaus wird, ähnlich wie im oben beschriebenen Modell, auch allgemein dysfunktionalen und wenig lösungsorientierten Copingstrategien eine Schlüsselrolle beigemessen.

Der eigentliche Kerngedanke des Modells besteht jedoch in der Annahme, dass die wiederholte Ausführung unterschiedlichster Internetaktivitäten (v. a. kombinierte Nutzung von Informationsseiten, Einkaufsportalen und sozialen Netzwerken) und die Prinzipien der positiven und negativen Verstärkung zu einem Aufbau bestimmter Konsequenzerwartungen an die Wirkung der Internetnutzung führen. In der Folge und als Ergebnis der wiederholten Nutzung verfestigt sich immer mehr ein dysfunktionales Nutzungsverhalten, welches immer mehr Raum im Leben des Betroffenen einnimmt und zu negativen Konsequenzen wie etwa Leistungsabfall, sozialer Isolation und einer nachhaltigen Vernachlässigung alltäglicher Angelegenheiten führt.

Wesentliche Annahmen des Modells konnten auf epidemiologischer Ebene bereits untermauert werden. So fand sich ein klarer Einfluss von dysfunktionalen Copingstilen (v. a. Verleugnung und Behaviorale Distanzierung) und den Konsequenzerwartungen auf das zeitliche Ausmaß der undifferenzierten Internetnutzung sowie auf das Nutzungsverlangen. Direkte Zusammenhänge zwischen den postulierten Risikofaktoren und Symptomen der generalisierten Internetsucht konnten hingegen nicht gefunden werden. Allerdings erwies sich, dass sich sowohl dysfunktionale Copingstrategien als auch die Konsequenzerwartung an die Internetnutzung anhand von psychopathologischen Symptomen und persönlichkeitsassoziierten Faktoren wie geringer Selbstwert, geringe Selbstwirksamkeit und erlebter

Stress vorhersagen lassen. Der Einfluss sozialer Aspekte (Einsamkeit, soziale Unterstützung) bestätigte sich demgegenüber nicht.

> **Fazit: Das Modell der generalisierten Internetsucht**
> Dem Phänomen der generalisierten Internetsucht wurde lange Zeit zu wenig Beachtung geschenkt. Das Modell, welches von Brand und Kollegen (2014) vorgelegt wurde, ist ein wichtiger Ansatz, um dieses Phänomen besser zu verstehen und die bislang erfolgten Bemühungen um eine empirische Unterfütterung sind sehr positiv hervorzuheben. Das Modell verdeutlicht, dass insbesondere kognitive Variablen bei diesem Typus der Internetsucht eine Rolle spielen, woraus sich für den therapeutischen Kontext die Notwendigkeit von Maßnahmen der kognitiven Umstrukturierung ableiten lässt.

> **Vertiefung: Persönlichkeit – ein stabiles Konstrukt?**
> Den meisten Modellen zur Internetsucht ist gemeinsam, dass sie in bestimmten Persönlichkeitsmerkmalen Risikofaktoren für die Entwicklung einer Internetsucht vermuten. Dieser Ansatz ist durchaus begründet, bestätigt er sich doch auch bei anderen psychischen Erkrankungen (vgl. z. B. Hirschfeld et al. 1986; Widiger und Trull 1992). Zwar existiert für die Internetsucht eine Fülle von Einzeluntersuchungen zur Ausprägung von Persönlichkeitsmerkmalen, allerdings wird die Bewertung dieser Befunde dadurch erschwert, dass zumeist der Einfluss des Lebensalters nicht kontrolliert wurde. Lange Zeit wurde allgemeinhin angenommen, dass die Persönlichkeit nach Abschluss der mit der Adoleszenz verbundenen Entwicklungsaufgaben ausgereift ist und nur wenig Spielraum für eine weitere Persönlichkeitsentwicklung verfügbar ist. Tatsächlich zeigt jedoch die Forschung aus der Persönlichkeitspsychologie, dass sich die Entwicklung der Persönlichkeit durch die gesamte Lebensspanne zieht und die Entwicklungsverläufe an-

scheinend einem normativen Reifungsprozess unterliegen. Damit ist gemeint, dass sich einzelne Persönlichkeitsmerkmale in eine ganz bestimmte Richtung fortentwickeln, der Faktor Verträglichkeit also beispielsweise über die Lebensspanne immer weiter zunimmt (vgl. z. B. Soto et al. 2011; Specht et al. 2011).

Die Forschung deutet zudem an, dass die Persönlichkeitsentwicklung unter bestimmten Umständen forciert oder aber gehemmt werden kann. So zeigten etwa Specht und Kollegen (2011) in einer aufwändigen Längsschnittuntersuchung, dass bestimmte kritische Lebensereignisse, wie etwa die Scheidung vom Partner oder dessen Tod, allerdings auch positiv konnotierte Erfahrungen, wie die Geburt eines Kindes oder die Aufnahme des ersten festen Arbeitsverhältnisses, einen Einfluss auf die Persönlichkeitsentwicklung ausüben. So steigert sich etwa der Faktor Gewissenhaftigkeit bei Aufnahme des ersten Beschäftigungsverhältnisses, während Offenheit im Laufe einer festen Partnerbeziehung sinkt.

Ebenso konnte in ersten Untersuchungen gezeigt werden, dass die normative Persönlichkeitsentwicklung durch problematische Verhaltensweisen, z. B. durch anhaltenden missbräuchlichen oder abhängigen Alkoholkonsum im Jugendalter, gehemmt wird. Hicks und Kollegen (2011) wiesen nach, dass bei Probanden, die den problematischen Alkoholkonsum über das Jugendalter hinaus fortführten, eine weniger starke Abnahme der dysfunktionalen Persönlichkeitscluster Verhaltensenthemmung und negative Emotionalität zu beobachten war. Abhängiges Verhalten kann dementsprechend auch als Moderator der Persönlichkeitsentwicklung verstanden werden.

7.3 Zur Wertschöpfung von Störungsmodellen

In der Praxis eignen sich die oben vorgestellten Modelle dafür, Ableitungen über mögliche präventive Strategien und Maßnahmen zur

Frühintervention zu treffen. So erscheint es beispielsweise praktikabel, Internetanwendungen mit bestimmten Charakteristiken im Sinne der Verhältnisprävention mit Zugriffsbeschränkungen zu versehen, oder – als drastischere Maßnahme – die technische und inhaltliche Weiterentwicklung bestimmter medialer Inhalte (v. a. Computerspiele) einzuschränken. Hierunter könnte etwa fallen, dass die in vielen Computerspielen implementierten Monetarisierungsstrategien (▶ Kap. 5.1), die ersten Studienergebnissen zufolge zu einer erhöhten Spielerbindung führen (Dreier et al. 2016), deutlich eingeschränkt oder ganz eingestellt werden. Auf individueller Ebene sind Persönlichkeitsmerkmale zwar kaum modifizierbar, jedoch erscheint es sinnvoll, bestimmten dysfunktionalen Auswirkungen dieser Merkmale vorzubeugen, was etwa über soziale Kompetenztrainings und Stressbewältigungstrainings (z. B. im Rahmen der Schule) realisierbar ist.

Auf der Ebene der Umwelteinflüsse erscheint im Jugendalter eine Reglementierung der Nutzungsmöglichkeiten förderlich, ebenso wie eine durch elterliches Monitoring schrittweise angeleitete, eigenverantwortliche Nutzung. Im Rahmen der Frühintervention lassen sich zudem über das Modell eventuell Risikogruppen identifizieren, welche in der Folge gezielt angesprochen bzw. auf Beratungsangebote aufmerksam gemacht werden können.

Schließlich kann dem Modell auch im Rahmen psychotherapeutischer Interventionen Wert beigemessen werden. So liegt der Einsatz im Rahmen der Psychoedukation und ebenso für das Formulieren individueller Erklärungsmodelle zur Entstehung des Suchtverhaltens, verbunden mit ebenso individualisierten Maßnahmen zur Rückfallprophylaxe (▶ Kap. 9), nahe.

Bei allem Fortschritt bleibt festzuhalten, dass keines der bislang vorgelegten Modelle zur Internetsucht bereits einen ausreichend hohen Entwicklungsstand aufweist, um die Komplexität der Materie hinreichend erklären zu können. Obwohl zweifellos in den letzten Jahren wichtige Erkenntnisse gewonnen wurden, bleibt noch Spielraum für eine weitere Differenzierung bestehender Modelle. Die weitere Forschung muss zudem zeigen, ob es sinnvoll ist, separate Modelle für unterschiedliche Formen internetsüchtigen Verhaltens zu entwerfen.

8

Diagnostik

Anders als bei substanzbezogenen Störungen erschwert das Fehlen von externen Kriterien (etwa labortechnischer Nachweis von Metaboliten der konsumierten Substanz) den diagnostischen Prozess im Falle der Internetsucht. Bei substanzungebundenen Abhängigkeitserkrankungen ist der Kliniker/Therapeut darauf angewiesen, indirekte Indikatoren zu explorieren und sorgfältig deren Auftreten, Qualität und klinische Bedeutsamkeit in einen logischen Zusammenhang mit der vermuteten Internetsucht zu bringen.

Besonders wichtig erscheint, dass das reine Ausmaß der Internetnutzung bzw. deren Regelmäßigkeit alleine keinen aufschlussreichen Indikator für eine etwaige Problematik darstellt. Aktuelle Statistiken zum Nutzungsverhalten in der deutschen Allgemeinbevölkerung unterstreichen, dass eine regelmäßige Nutzung des Internets einen verbreiteten Bestandteil des modernen Freizeitverhaltens darstellt, und zwar sowohl bei Erwachsenen als auch bei Jugendlichen. Im Jahre 2015 gaben etwa 80 % der 12- bis 19-Jährigen an, täglich online zu sein, hier insbesondere Kommunikations- (40 %) und Unterhaltungsplattformen (26 %), sowie Online-Computerspiele (20 %) zu nutzen und mit diesen Aktivitäten durchschnittlich dreieinhalb Stunden täglich zu verbringen (JIM-Studie 2014). Diese seit Jahren steigenden Nutzungszahlen verdeutlichen, dass die – teilweise auch sehr intensive – Beschäftigung mit Onlineaktivitäten einen Normalitätscharakter gewonnen hat. Hiervon auf eine immanente oder behandlungsbedürftige Problematik zu schließen, würde eine Pathologisierung eines dem Aufkommen neuer technologischer Möglichkeiten geschuldeten gesellschaftlichen Wandels bedeuten, was wenig zielführend ist.

Unterstrichen wird dieser Standpunkt durch empirische Erhebungen an Intensivnutzern, welche eine Differenzierung zwischen einer zwar intensiven, klinisch jedoch unproblematischen und einer problematischen Nutzung im Sinne der Internetsucht nahelegen (vgl. Israelashvili et al. 2012; Dreier et al. 2014). Insbesondere das in Kapitel 3 vorgestellte Modell von Dreier und Kollegen (2014) trägt zu einem vertieften Verständnis intensiver Nutzungsmuster bei Jugendlichen bei.

8.1 Spezifische diagnostische Schwierigkeiten im Jugendalter

Wie weiter oben angeführt, stellt sich die Diagnostik einer möglichen Internetsucht im Jugendalter nochmals schwieriger dar. Unterschiedliche Untersuchungen zum Onlineverhalten in verschiedenen Altersstufen kommen zu dem Ergebnis, dass gerade in der frühen Adoleszenz oftmals ein intensivierter, bisweilen durchaus durch exzessive Episoden gekennzeichneter Internetkonsum zu beobachten

8.1 Spezifische diagnostische Schwierigkeiten im Jugendalter

ist, der jedoch im weiteren Verlauf wieder abnimmt. Als Erklärung mag hierfür dienen, dass die Nutzung von Internetangeboten, die möglicherweise spezifische Bedürfnisse des Jugendalters bedienen, eine zeitgenössische Form der Autonomieentwicklung, also eines ersten Ablöseprozesses von den Eltern, darstellt. Die Weiten des Virtuellen bieten dem Jugendlichen in seiner Eigenschaft als »Digital Native« eine früheren Generationen verschlossene Möglichkeit, sich in einem von den Eltern weitgehend nicht reglementierten Raum zu bewegen, sich dort zu erproben und aus diesem Bereich entsprechend elterlich ungefilterte neue Erfahrungen zu sammeln. Aus der Perspektive der Entwicklungspsychologie stellt dies eine plausible Arbeitshypothese dar, die jedoch empirisch bislang noch nicht genügend überprüft wurde.

Überdies ist bekannt, dass in der Adoleszenz grundsätzlich ein vermehrtes Auftreten ganz verschiedener exzessiver oder riskanter Verhaltensweisen festzustellen ist. Grund hierfür sind einerseits die immer neuen Entwicklungsaufgaben, die sich dem Jugendlichen in dieser Phase seines Lebens stellen und die bisweilen die individuellen Bewältigungsressourcen auf eine harte Belastungsprobe stellen, andererseits die neurobiologisch bedingten Veränderungsprozesse, welche zeitgleich angestoßen werden. Diese Veränderungsprozesse führen zu einem Ungleichgewicht zwischen dem Bedürfnis nach neuen Erfahrungen einerseits und einer noch nicht voll ausgebildeten Impulskontrolle andererseits, was bei der Erprobung neuer Verhaltensmuster zu verschiedenen Verhaltensauffälligkeiten und Risikoverhaltensweisen führen kann.

Gemäß gängiger entwicklungspsychopathologischer Modelle wird davon ausgegangen, dass derartige Verhaltensauffälligkeiten nach erfolgreicher Bewältigung der anfallenden Entwicklungsaufgaben und der damit einhergehenden neurobiologischen Reifung wieder verschwinden – zumindest bei einem Großteil der Jugendlichen (Moffitt 1993). Diese Arbeitshypothese würde auch die in epidemiologischen Studien wiederholt nachgewiesenen, deutlich erhöhten Prävalenzraten für problematische und suchtartige Internetnutzung bei Jugendlichen erklären (► Kap. 2).

> **Vertiefung: Selbstkonzept und Internetnutzung**
> In einer Studie von Israelashvili und Kollegen (2012) wurde der Versuch unternommen, an einer Stichprobe von etwa 300 Jugendlichen Zusammenhänge zwischen einer überintensiven Internetnutzung und dem Grad der Entwicklung verschiedener Komponenten des Selbstkonzepts zu identifizieren. Im Zentrum des Interesses stand die sogenannte Selbstkonzeptklarheit (Self-Concept-Clarity; Campbell 1990), also das Ausmaß, in welchem wesentliche Merkmale des Selbstkonzepts dem Jugendlichen bewusst zugänglich sind und in welchem es als konsistent und zeitlich stabil wahrgenommen wird. Die Autoren konnten zeigen, dass eine geringe Ausprägung der Selbstkonzeptklarheit ein Prädiktor für eine intensivierte Beschäftigung mit dem Internet darstellt. Sie interpretieren diesen Fund dahingehend, dass heutige Jugendliche über eine intensivierte Internetnutzung und das aktive Aufsuchen virtueller Erfahrungen das Ziel verfolgen, eine größere Sicherheit über ihr Selbstkonzept zu erlangen. Leider gibt diese querschnittliche Studie keinen Aufschluss darüber, inwieweit das beschriebene Vorgehen zur Entwicklung der Selbstkonzeptklarheit wirklich zielführend ist.

Eine ganz wesentliche Frage stellt sich im Hinblick auf eine frühzeitige Identifizierung von Faktoren, die tatsächlich eine Remission des exzessiven Nutzungsverhaltens vorhersagen bzw. ein Fortbestehen desselben indizieren. Unglücklicherweise ist die Forschung zu diesem Thema noch nicht weit genug fortgeschritten, um hier belastbare Ergebnisse liefern zu können.

Bei jugendlichen Klienten, die sich wegen exzessiver Internetnutzung vorstellen oder im Rahmen anderer Untersuchungen hierüber berichten, sollte trotz der oben dargestellten Überlegungen nicht der Fehler begangen werden, ein etwaiges exzessives Onlineverhalten als passageres und damit nicht behandlungsbedürftiges Phänomen abzutun. Wie erwähnt, ist die Remission des Verhaltens keinesfalls garantiert und ebenfalls ungeklärt ist, ob eine vorübergehende Phase exzessiven Verhaltens im Sinne einer erworbenen Vulnerabilität verstanden werden kann und dasselbe Verhalten zu einem späteren Zeitpunkt erneut, womöglich gar in verstärkter Form, auftritt. Eine sorgfältige Einschätzung des aktuellen Zustands, wozu die Exploration der diagnostischen Kriterien der Internetsucht zählt, des Beginns des Problemverhaltens und des bisherigen Verlaufs ist hier vonnöten, um einen etwaigen Behandlungsbedarf zu eruieren.

> **Vertiefung: Erworbene Vulnerabilität**
> Bei erwachsenen Patienten, die sich wegen des Verdachts auf Internetsucht in Behandlung begeben, lässt sich in der biographischen Anamnese oft feststellen, dass bereits im Jugendalter (häufig zwischen dem 14. und 16. Lebensjahr) eine vorübergehende Phase der exzessiven Internetnutzung vorgelegen hat. Diese Phase wird von den Patienten oftmals als unkontrolliert beschrieben und als mit negativen Konsequenzen behaftet erlebt, jedoch gleichzeitig auch als zeitlich begrenzt und im Vergleich zur gegenwärtigen Situation als weniger dramatisch ausgeprägt. Konkrete Gründe für die Remission des damaligen Verhaltens können oftmals nicht benannt werden. Jedoch zeigt sich, dass sich trotz dieser vorübergehenden Remission ein Wiederauftreten der Symptomatik in einer späteren Lebensphase vollzog, welche durch psychosoziale Umstrukturierungen (z. B. Aufnahme des Studiums und Auszug aus dem Elternhaus) gekennzeichnet ist. Abgesehen von diesen klinischen Erfahrungswerten fehlen aktuell zwar noch empirische Überprüfungen an größeren Stichproben, jedoch lässt sich schließen, dass Spontanremissionen des problematischen Nutzungsverhaltens im Jugendalter nicht automatisch gleichbedeutend mit einer kompletten Auflösung des Problemverhaltens einhergehen müssen. Im Sinne einer Diathese-Stress-Interaktion kann das Verhalten in Phasen der (normativen) Destabilisierung erneut in Erscheinung treten.

8.2 Diagnostische Kriterien der Internet Gaming Disorder

Eine Festlegung diagnostischer Kriterien für die Computerspielsucht als eine Form internetsüchtigen Verhaltens (► Kap. 5) wurde im Jahre 2013 von der American Psychiatric Association (APA 2013) im Rahmen der Veröffentlichung des DSM-5 (Diagnostic and Statistical Manual of Mental Disorders, APA 2013) vorgenommen. Wie weiter vorn ausgeführt, wurde hier die sogenannte Internet Gaming Disorder (hier frei übersetzt als Computerspielsucht) als neue diagnostische Entität im Anhang aufgeführt.

Es ist vorgegeben, dass fünf der insgesamt neun Kriterien innerhalb eines Zeitfensters von zwölf Monaten präsent sein müssen, um die Diagnose Computerspielsucht zu rechtfertigen. Zusätzlich ist eine Abstufung in die Kategorien »mild«, »moderat« und »schwer« möglich.

Positiv hervorzuheben ist hier insbesondere, dass die Forschung, aber natürlich auch die Diagnosestellung im klinischen Kontext, nun nach stärker standardisierten Vorgaben erfolgt als zuvor, was zu einer Vereinheitlichung und damit verbunden besseren Vergleichbarkeit von Forschungsergebnissen führen dürfte. Im klinischen Kontext ist zudem davon auszugehen, dass für den Therapeuten oder Diagnostiker eine höhere Sicherheit in Bezug auf die anzulegenden Kriterien herrschen dürfte. Kritikpunkte hingegen sind, dass erstens nur diagnostische Kriterien für eine – wenn auch vergleichsweise häufige – Variante der Internetsucht aufgestellt wurden und zweitens die gewählten Kriterien weitestgehend übereinstimmend vom Störungsbild des Pathologischen Glücksspiels entlehnt wurden.

Der erste Kritikpunkt hat zur Folge, dass nach wie vor Unklarheit darüber besteht, inwieweit die Kriterien auch auf andere Formen der Internetsucht anwendbar sind. Die klassifikatorische Anlehnung an das Pathologische Glücksspiel erscheint grundsätzlich theoretisch gut begründbar, da Voruntersuchungen Parallelen zwischen beiden Störungsbildern nahelegen (vgl. auch Grüsser und Thalemann 2006). Andererseits stellt sich die Frage, ob es nicht zur diagnostischen Genauigkeit beitragen würde, auch spezifischere bzw. weiterführende Kriterien (wie etwa Craving) zu berücksichtigen.

Eine umfassende empirische Überprüfung dieser Kriterien steht zwar noch aus, jedoch sind bereits erste validierende Studien publiziert worden. Die Forschergruppe um Ko (2014) kam etwa in ihrer Erhebung an jungen Erwachsenen aus Asien zu dem Ergebnis, dass die meisten Kriterien, insbesondere Kontrollverlust und Toleranzentwicklung, eine gute Eignung aufwiesen und auch der vorgeschlagene Cutoff von fünf Kriterien zu guten Ergebnissen führt. Hingegen zeigten sich bei dem Kriterium Verheimlichung des Nutzungsausmaßes deutlich schlechtere Werte in der diagnostischen Trennschärfe, was womöglich darüber zu erklären ist, dass eine manifeste Computerspielsucht in vielen Fällen zur sozialen Isolation führt.

Vertiefung: Craving als weiteres diagnostisches Kriterium
Unter »Craving« (Konsumverlangen) wird der als übermächtig empfundene Drang nach neuerlichem Konsum, beziehungsweise nach der Verhaltensausführung im Falle der Verhaltenssüchte, und dem Erleben der damit in Zusammenhang stehenden positiven Effekte verstanden. Es wurde verschiedentlich bemängelt, dass unter den von der APA (2013) ausgearbeiteten diagnostischen Kriterien zur Computerspielsucht Craving nicht zu finden ist, obgleich Untersuchungen zu Substanzabhängigkeiten dieses Kriterium als diagnostisch hoch valide eingeschätzt haben (z. B. Mewton et al. 2011). Ebenso ergab die erste von Ko und Kollegen (2014) vorgelegte Studie zur Internetsucht, dass sich die Genauigkeit der diagnostischen Klassifikation durch eine ergänzende Berücksichtigung von Craving signifikant verbesserte. Für die Praxis ist daher zu empfehlen, das Vorhandensein von Craving zu explorieren sowie etwaige situationsabhängige Schwankungen von Craving zu erfragen.

8.2.1 Ein klinischer Blick auf die diagnostischen Kriterien

Obgleich die von der APA (2013) veranschlagten diagnostischen Kriterien auf den ersten Blick nicht neu erscheinen, sondern denen der Substanzabhängigkeit sowie dem Pathologischen Glücksspiel entlehnt sind, soll im Folgenden doch auf einige Besonderheiten im Zusammenhang mit der Internet- und Computerspielsucht eingegangen werden. Durch die Erläuterung einzelner inhaltlicher Spezifika soll auch eine Hilfestellung zur Anwendung dieser Kriterien im klinischen Kontext bereitgestellt werden.

Eingenommenheit vom Verhalten

Charakteristisch für die Internetsucht ist, dass das Verhalten im Laufe der Zeit zur den Lebensalltag dominierenden Beschäftigung wird. Der Betroffene geht der Nutzung nicht länger in Zeiten nach, in denen keine anderen Aufgaben oder alternativen Betätigungen anstehen, sondern passt vielmehr seinen Alltag an das Nutzungsverhalten selbst an. In der Exploration kann es sinnvoll sein, sich einen typischen Tagesablauf schildern zu lassen und diesen im Vergleich zu der Situation von vor einem Jahr beurteilen zu lassen. Gerade bei jüngeren Patienten kann zudem ein sogenannter »Zeitkuchen« angefertigt werden, welcher das Ausmaß der Internetnutzung in Relation zu anderen Tätigkeiten wie z. B. Schule, Schlaf oder alternativen Freizeitinteressen setzt.

Toleranzentwicklung

Die aktuellen Zeiten, die für die Nutzung von Computerspielen, sozialen Netzwerken oder Ähnlichem aufgewendet werden, stellen in der Regel keinen validen Indikator für ein etwaiges suchtartiges Verhalten dar. Dennoch können die Dauer und Regelhaftigkeit der Nutzung zu diagnostischen Zwecken herangezogen werden – sofern man ihre Entwicklung im zeitlichen Verlauf berücksichtigt. So versteht man unter Toleranzentwicklung im Zusammenhang mit Internetsucht, dass es im Laufe der Zeit zu einer Intensivierung der aktiven Nutzungszeiten bzw. zu einer steigenden Häufigkeit der Verhaltensausführung kommt, bis schließlich ein exzessives Niveau erreicht wurde. Bei substanzgebundenen Abhängigkeitserkrankungen stellt eine Anpassung der Ausschüttung bestimmter Neurotransmitter als Reaktion auf die Substanzeinnahme bzw. eine Veränderung der Molekularstruktur von Rezeptoren ein physiologisches Korrelat der Toleranzentwicklung dar (vgl. z. B. Trujillo 2002; Volkow und Fowler 2000). Inwieweit diese molekularen Adaptionsprozesse auch bei der Internetsucht eine Rolle spielen, ist derzeit noch nicht geklärt. Nichtsdestotrotz kommt diesem Kriterium diagnostische Bedeutung zu, was sich etwa in Schilderungen von Patienten zeigt, die oftmals von über den zeitlichen Verlauf exzessiv ansteigenden Nutzungszeiten berichten.

In der Exploration empfiehlt es sich, ausgehend von den aktuellen Nutzungszeiten der als problematisch erlebten Internetinhalte, das Ausmaß des Verhaltens von vor einem Jahr zu erfragen. Um Verzerrungseffekte zu minimieren, kann es sich als nützlich erweisen, zu diesem Zweck bestimmte Anker zu setzen; also etwa den Patienten zu bitten, sich die Zeit seines letzten Geburtstages zu vergegenwärtigen, um danach ein in der Situation verankertes Urteil über die damaligen Nutzungszeiten zu fällen.

> **Merke**
> Gerade bei einem Jugendlichen wird man auf die Frage, wie oft er denn online sei, nicht selten die Antwort »immer« erhalten. Insbesondere durch die Verbreitung des mobilen Internets ist ein zunehmendes Verschwimmen der Konzepte »online« und »offline« zu verzeichnen. Bei der Exploration der Toleranzentwicklung sollte daher stets nach der aktiven Nutzung gefragt werden, also nach der Zeit, in welcher sich die betreffende Person tatsächlich aktiv mit bestimmten Internetaktivitäten befasst.

Entzug

Ähnlich wie bei der Toleranzentwicklung ist bei dem Kriterium des Entzugs oder des entzugsähnlichen Symptoms bislang nicht geklärt, inwieweit auch physiologische oder neurochemische Prozesse bei internetsüchtigem Verhalten involviert sind. Fest steht, dass Betroffene häufig schildern, dass eine verhinderte Nutzung des jeweiligen Internetangebots in der Regel zu negativen Zuständen wie etwa Gereiztheit, Angstgefühle, innere Unruhe oder Agitiertheit führt. In der Exploration kann man sich dem Thema Entzug dadurch nähern, dass man sich einen Zeitraum beschreiben lässt, in dem die Nutzung des Internets ausgesetzt war. Der Patient kann in diesem Zusammenhang unter Anleitung einschätzen, inwieweit Verhaltensweisen oder Gefühlszustände, z. B. in sozialen Interaktionssituationen, aufgetreten sind, die ansonsten für ihn untypisch erscheinen.

> **Merke**
> Die oben genannte Einschätzung sollte möglichst anhand einer alltagsnahen Situation erfolgen, d. h. sich nicht auf eine Zeit beziehen, als sich der Patient z. B. im Urlaub oder auf Klassenfahrt befand. Bei der Auslösung von Entzugssymptomen sind es insbesondere die im Alltag auftretenden Reize, die eine konditionierte Reaktion hervorrufen und demnach als Trigger für das Auftreten von Entzugserscheinungen gelten können.

Interessenverlust und sozialer Rückzug

Dieses Kriterium trägt der klinischen Beobachtung Rechnung, dass sich Betroffene mit einer sich entwickelnden Internetsucht sukzessive aus anderen Lebensbereichen zurückziehen und auch solche Aktivitäten, die zuvor als angenehm bzw. belohnend empfunden wurden, von diesem Rückzugsverhalten nicht ausgenommen sind. Als neurobiologischer Hintergrund für diese Dynamik wird eine einseitige Sensibilisierung des mesolimbischen dopaminergen Belohnungssystems durch dysfunktionale Konditionierungsprozesse vermutet. Ein Verstärkerwert wird so vor allem dem Problemverhalten beigemessen, wohingegen andere potenzielle Belohnungsquellen ihren Anreiz einbüßen (vgl. z. B. Robinson und Berridge 2008).

Im Rahmen der Exploration sollte – auch im Sinne der Differenzialdiagnose – genau eruiert werden, auf welche Bereiche sich der Interessenverlust bzw. Motivationsverlust bezieht. Ist dieser etwa auf alltägliche oder berufliche Pflichten beschränkt oder bezieht er sich ebenfalls – oder ausschließlich – auf früher wertgeschätzte Freizeitangelegenheiten und Sozialkontakte? Im ersteren Fall sollte unbedingt eine im Vordergrund stehende Prokrastination oder eine Burnout-Symptomatik als alternative Erklärungen für das exzessive Internetverhalten abgeklärt werden. Im zweiten Fall ist von einer Erhärtung des Verdachts auf Internetsucht auszugehen.

Bei Jugendlichen, insbesondere in der Phase der pubertären Entwicklung, sollte zudem der entwicklungspsychologischen Perspektive Rechnung getragen werden. Es ist Teil eines normativen Entwicklungsgeschehens im Jugendalter, dass sich Heranwachsende aus bestimmten Lebensbereichen und Interessenfeldern zurückziehen. Das Sich-Zurückziehen aus familiären Gemeinschaftsunternehmungen kann etwa Ausdruck einer notwendigen Autonomieentwicklung des Jugendlichen sein und nicht zwangsläufig auf eine Internetsucht hindeuten. Sind hingegen Rückzugstendenzen aus Aktivitäten und Lebenswelten, die sich der Jugendliche zuvor selbst aufgebaut hat, zu beobachten und treten an deren Stelle keine vergleichbaren, neuen Aktivitäten, dann wäre eher von einer kritischen Entwicklung im Sinne des Suchtkriteriums auszugehen.

8.3 Differentialdiagnose und psychiatrische Komorbiditäten bei Internetsucht

Es wurde bereits an anderer Stelle darauf hingewiesen, dass Internetsucht – ähnlich wie das Pathologische Glücksspiel – mit sehr hohen Raten an komorbiden psychischen Störungen einhergeht. In der Studie PINTA-DIARI (Bischof et al. 2013) etwa erwies sich, dass 72 % der im klinischen Interview nachbefragten Personen die Kriterien mindestens einer weiteren Achse-I-Störung aufwiesen. Besonders häufig vertreten waren hier affektive Störungen. Die Rate an diagnostizierten Persönlichkeitsstörungen belief sich auf fast 30 %. Internationale Studien bestätigen diese Befunde im Grunde. So zeigt ein systematisches Review von Carli (2012), welches insgesamt 20 Studien einschloss, dass bei Erwachsenenstichproben insbesondere depressive Erkrankungen und Angststörungen mit großer Häufung als komorbide Zustände zu beobachten sind. Bei Kindern und Jugendlichen stellten sich vergleichbare Befunde ein, zusätzlich konnten hier große Effektstärken für die Aufmerksamkeits-Defizit-Hyperaktivitätsstörung (ADHS) verzeichnet werden. Es ist unbestritten, dass in der Praxis bei Internetsucht auch andere psychische Erkrankungen diagnostiziert werden, seien diese nun sekundär entstanden, wie es bei vielen depressiven Episoden der Fall sein dürfte, oder primär, d. h. vor der Suchterkrankung vorhanden gewesen.

In manchen Fällen aber kann das exzessive Nutzungsverhalten zwar auf den ersten Blick den Eindruck einer Suchtproblematik vermitteln, in Wahrheit jedoch direkter Ausdruck einer anderen, primär behandlungswürdigen Störung sein. In derartigen Fällen wäre eine Behandlung des vermuteten internetsüchtigen Verhaltens eine falsche Vorgehensweise, wird sie doch wenig an der eigentlichen Problematik ändern.

Beispiele für primäre Störungen, die unter Umständen mit exzessiven Nutzungszeiten einhergehen können, sind etwa unipolare Depressionen. In Phasen des Antriebsverlusts und des sozialen Rückzugs bietet sich das Internet als leicht zugänglicher Zeitfüller an. Dem Onlinever-

8.3 Differentialdiagnose und psychiatrische Komorbiditäten bei Internetsucht

halten wird jedoch kein eigenständiger oder gar überhöhter Wert beigemessen, vielmehr zeichnet es sich durch eine repetitive Ziellosigkeit aus, welche nach Überwindung des Antriebsverlusts in der Regel wieder eingestellt oder doch auf ein normatives Maß reguliert wird.

Fallvignette
Ein 26-jähriger Mann stellt sich auf Veranlassung der Bundesagentur für Arbeit in einer Spezialsprechstunde auf Grund des Verdachts auf eine suchtartige Internetnutzung vor. Er berichtet, dass er täglich durchschnittlich zwischen acht und zehn Stunden aktiv online ist. Seit der Manifestation des exzessiven Verhaltens vor etwa eineinhalb Jahren habe sich das Nutzungsausmaß nur unwesentlich verändert, eine Steigerung der Nutzungshäufigkeit oder -intensität sei in diesem Zeitfenster nur marginal zu verzeichnen gewesen. Aus der Exploration des Internetnutzungsverhaltens wird schnell ersichtlich, dass der Patient keine bestimmten Internetinhalte bevorzugt. So schildert er, viel Zeit auf Einkaufsportalen zu verbringen, dort Angebote zu vergleichen und gelegentlich Produkte nach Hause zu bestellen. Darüber hinaus sehe er sich über Streamingportale Serien und aktuelle Kinofilme an, sei sehr aktiv in verschiedenen Foren und sozialen Netzwerken, in welchen er vornehmlich mit Freunden von früher kommuniziere und sich über Neuigkeiten austausche, und spiele bisweilen auch onlinebasierte Computerspiele, insbesondere Browsergames. Auf die Frage nach alternativen Interessen und Freizeitbetätigungen gibt der Patient an, früher zwar sowohl sportlich als auch sozial sehr aktiv gewesen zu sein, sich im Laufe der Zeit jedoch aus allen außerhäuslichen Bereichen zurückgezogen zu haben. Ein vor vier Jahren begonnenes Studium der Architektur habe er zwei Semester aktiv betrieben, mittlerweile jedoch sei er zwar für den Studiengang noch eingeschrieben, ohne jedoch Vorlesungen oder Seminare an der Hochschule zu besuchen. Der Rückzug in den häuslichen Bereich habe kurze Zeit vor der exzessiven Steigerung des zuvor gemäßigten Internetkonsums begonnen und wurde seitens des Patienten damit begründet, dass er sich in der Öffent-

lichkeit, in vollen Seminarräumen, Einkaufszentren und Restaurants zunehmend unwohl gefühlt habe. Dieses Unwohlsein habe sich im Laufe der Zeit zu regelrechten Beklemmungszuständen und schließlich ausgeprägten Angstgefühlen gesteigert, welche von körperlichen Symptomen wie Schwindel, Herzrasen, Kloßgefühlen im Hals und Schluckbeschwerden begleitet gewesen seien. Im Laufe der Zeit habe der Patient festgestellt, dass diese Symptome im häuslichen Kontext nicht auftreten würden und habe daraufhin begonnen, diesen Lebensraum als Refugium zu betrachten und Vorkehrungen zu treffen, um von zu Hause aus einigermaßen am Leben teilzunehmen. Der Patient schildert in diesem Zusammenhang einen ausgeprägten Leidensdruck, da er die nahezu ausschließliche Interaktion mit seinem Freundeskreis über Internetportale lediglich als Notbehelf zur grundlegenden Aufrechterhaltung des Kontakts empfinde. Eine starke gedankliche Eingenommenheit von der Internetnutzung berichtet der Patient ebenso wenig wie das Auftreten von Entzugssymptomen bei verhinderter Nutzung. Auch habe er nicht das Gefühl, die Nutzungszeiten nicht unter Kontrolle zu haben, da er problemlos darauf verzichten könne, wenn er beispielsweise ein fesselndes Buch lese oder ihn Freunde zu Hause besuchen kämen.

Die Fallvignette verdeutlicht, dass im geschilderten Fall zwar eine exzessive Internetnutzung vorliegt, gleichzeitig jedoch ganz basale Kriterien einer suchtartigen Nutzung nicht erfüllt sind. Toleranzentwicklung, Eingenommenheit von der Nutzung, Entzugserscheinungen und Kontrollverlust fehlen. Gleichsam sind zwar Interessenverlust bzw. sozialer Rückzug zu verzeichnen, jedoch werden diese Aspekte besser über die vom Patienten geschilderten Angstsymptome erklärt und sind demzufolge weniger als ein »Verlust« von alternativen Lebensinhalten zu interpretieren als vielmehr als eine Hinderung an der Fortführung derselben. Nach dem Erstgespräch wurde bei dem Patienten eine Agoraphobie mit Panikattacken (ICD-10: F40.01) diagnostiziert und eine Überweisung an einen ambulanten Psychotherapeuten veranlasst. Eine Behandlung der exzessiven

Internetnutzung war hingegen nicht indiziert, es handelt sich also um einen Fall symptombedingter dysfunktionaler Internetnutzung.

Bevor also eine Zuweisung zu einer internetsuchtspezifischen Intervention erfolgt, sollten möglichst entsprechende Kausalzusammenhänge eruiert werden. Vor dem Hintergrund, dass Internetsucht ein Störungsbild mit einer hohen Rate komorbider Erkrankungen ist (vgl. z. B. Carli et al. 2012; Bischof et al. 2013), sollte aber nicht vergessen werden, dass das Vorliegen beispielsweise einer Angststörung oder einer affektiven Störung nicht automatisch den Schluss zulässt, dass das exzessive Internetverhalten als sekundär zu betrachten ist. Tatsächlich zeigt sich im klinischen Alltag nicht selten, dass sich im Nachgang zu einer suchtartigen Internetnutzung bestimmte weitere Problemlagen aufsatteln und Betroffene etwa zuvor als nicht bedenklich erlebte Situationen plötzlich als angstbesetzt erleben und in der Folge vermeiden (vgl. z. B. Wölfling und Müller 2010). Auch depressive Symptome (insbesondere Symptome wie Antriebsminderung, Schlafstörungen, Appetitverlust, Niedergeschlagenheit, verringertes Selbstwertempfinden) können direkte Folgen der Internetsucht sein und müssen somit nicht zwangsläufig für eine primär behandlungsbedürftige Depression stehen.

Abbildung 8 veranschaulicht mögliche Pfade zwischen symptombedingt dysfunktionaler und suchtartiger Internetnutzung und damit unter Umständen in Zusammenhang stehender Störungsbilder.

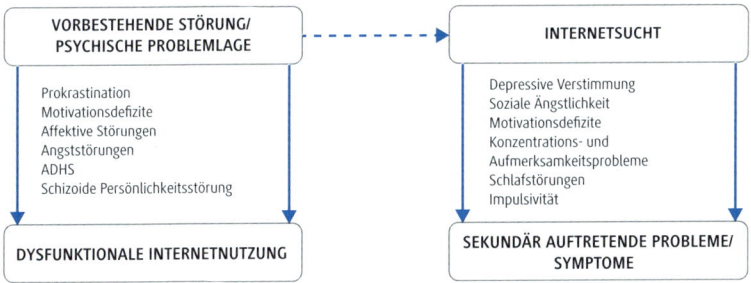

Abb. 8: Abgrenzung zwischen dysfunktionaler und suchtartiger Internetnutzung anhand des differentiellen phänomenologischen Ansatzes zur Internetsucht.

> **Merke**
> Internetsucht geht mit hohen Raten komorbider Störungen und assoziierten Belastungssyndromen einher. Daher sollte in der Indikationsprüfung immer das Augenmerk auf einer möglichst akkuraten Abklärung der Rolle einer komorbiden Erkrankung liegen, um zwischen dysfunktionaler Internetnutzung und Internetsucht im engeren Sinne differenzieren zu können.

> **Vertiefung: ADHS und exzessives Computerspielverhalten**
> Immer wieder finden sich in der Literatur postulierte oder auch empirisch erhärtete Zusammenhänge zwischen ADHS und extremen Computerspielzeiten (z. B. Carli et al. 2012). Es ist zwar bekannt, dass ADHS das Risiko für das Auftreten abhängiger Verhaltensweisen generell zu erhöhen scheint, jedoch scheinen sich speziell im Hinblick auf Computerspielsucht weiterführende Dynamiken zu ergeben. Diese sind möglicherweise im Zusammenhang mit einem störungsspezifischen Belohnungsgehalt erklärbar, den ADHS-Patienten durch die Computerspielnutzung erfahren. So konnte gezeigt werden, dass die schnelle Abfolge zwischen Handlung und Handlungsergebnis sowie die spezifische Reizkonfiguration, die für Computerspiele charakteristisch ist, betroffenen Jugendlichen eine bessere Impulskontrolle zu ermöglichen scheint und somit als spezifische Verstärker für die Fortführung eines exzessiven Nutzungsverhaltens angesehen werden können (für eine Übersicht siehe Fröhlich et al. 2009). Im konkreten Fall sollte versucht werden, das Auftreten der Symptome einer Computerspielsucht in einen zeitlichen Zusammenhang mit zu beobachtenden ADHS-Symptomen zu bringen, um abzuklären, ob Symptome wie etwa Konzentrationsdefizite und leichte Ablenkbarkeit auf die ADHS zurückzuführen sind oder aber Auswirkungen der Computerspielsucht darstellen.

> Im diagnostischen Prozess sollte zudem auch die Exploration des Nutzungsverlaufs bzw. von Schwankungen in der Intensität der Nutzung eine Rolle spielen. Kernsymptome, wie eine starke gedankliche Eingenommenheit vom Verhalten, Craving und exzessive Nutzungszeiten sind in der Regel feste und zeitstabile Komponenten des Problemverhaltens. Schildert der Patient hingegen einen stark fluktuierenden Verlauf, der sich etwa durch das spontane und vollständige Remittieren des Verhaltens ohne wesentliches Zutun seitens des Patienten vollzieht, um schließlich erneut exzessive Ausmaße anzunehmen, stellt dies ein ungewöhnliches Verlaufsmuster dar. In einem solchen Fall empfiehlt sich die Abklärung einer bipolaren Symptomatik, beispielsweise durch die Exploration weiterer überschießender Handlungen in der Lebensgeschichte (Einkaufen, sexuelles Verhalten) und assoziierter Symptome, wie etwa Ideenflucht, Gedankenrasen oder überwertiger Ideen. Zwar existieren zum Zusammenhang zwischen exzessiver Internetsucht und bipolaren Störungen nur wenige systematische Studien, jedoch werden diese in einzelnen Erhebungen an klinischen Stichproben nahegelegt (Bernardi und Pallanti 2009; Wölfling et al. 2015).

8.4 Standardisierte Verfahren zur Messung von Internet- und Computerspielsucht

8.4.1 Fragebogenverfahren

Mit dem steigenden Forschungsinteresse am Phänomen der Internetsucht hat auch eine stetig wachsende Anzahl an verfügbaren Fragebogenverfahren ihren Weg in die Fachöffentlichkeit gefunden. Diese lassen sich ganz generell dahingehend unterscheiden, ob sie sich auf das allgemeine Konstrukt der Internetsucht oder spezifisch auf einzelne Unterformen internetsüchtigen Verhaltens beziehen. Unter den letztgenannten Instrumenten überwiegen Verfahren zur Erfassung von Online-Computerspielsucht. Ganz grundsätzlich verfügen die meisten Verfahren über eine statistische Validierung, was bedeutet, dass an mehr oder weniger großen oder geeigneten Stichproben Maße, die Hinweise auf die psychometrische Qualität (z. B. Trennschärfen einzelner Items) berechnet wurden. Das ist zwar zu begrüßen, jedoch ist gleichzeitig kritisch anzumerken, dass der Validierungsprozess allzu oft an genau dieser Stelle aufhört und etwa eine für die Anwendung im klinisch-diagnostischen Bereich dringend notwendige klinische Validierung in nahezu allen Fällen fehlt. Auch das Fehlen von Normtabellen wurde verschiedentlich als Kritikpunkt angebracht (siehe auch King et al. 2013).

International weit verbreitet ist beispielsweise der von Young (1998) entwickelte Internet Addiction Test, welchen es auch in einer kurzen Variante gibt, dem Short Internet Addiction Test (Pawlikowski et al. 2013). Das Verfahren ist in deutscher Sprache verfügbar, gültige Normtabellen oder Angaben zur klinischen Validität der postulierten Grenzwerte zur Klassifikation des Internetnutzungsverhaltens fehlen jedoch. Daneben findet auch die Compulsive Internet Use Scale (CIUS; Meerkerk et al. 2009) in Deutschland zunehmend Verbreitung. Auch dieses Instrument fußt auf Kriterien, die dem Bereich stoffgebundener Abhängigkeitserkrankungen entlehnt sind. Über die exakten Grenzwerte herrscht noch keine Einigkeit. Während die Testautoren postulieren, dass 28 Punkte einen kritischen Wert markieren, empfehlen Bischof und Kollegen (2013) bei bevölkerungsbasierten Stichproben einen Wert von 30 Punkten und bei klinischen Populationen einen Wert von 24 Punkten zu Grunde zu legen, um das gezeigte Internetverhalten als suchtartig zu klassifizieren. Somit steht eine abschließende Validierung des Fragebogenverfahrens noch aus.

Neben den genannten Instrumenten steht zudem die Skala zum Online-Suchtverhalten (OSV-S; Wölfling et al. 2016) zur Verfügung. Auch dieses Instrument basiert auf Kernkriterien zur Substanzabhängigkeit (z. B. Toleranz, Fortführung des Konsums, Kontrollverlust), schließt darüber hinaus aber ergänzend Craving als weiteren diagnostischen Ankerpunkt für das Suchtgeschehen ein. Die OSV-S (im Englischen AICA-S; Scale for the Assessment of Internet and Computer Game Addiction) liegt in verschiedenen Sprachen und sowohl für Jugendliche als auch Erwachsene vor. Es existieren verschiedene Veröffentlichungen zur statistischen sowie konstrukt- und kriteriumsbezogenen Validität des Verfahrens. Neben empirisch abgeleiteten Grenzwerten gibt es zudem eine klinische Validierung, welche dem Verfahren mit einer Sensitivität von 80.5 % und einer Spezifität von 82.4 % eine gute diagnostische Güte bescheinigt (Müller, Beutel et al. 2014). Im Gegensatz zu den weiter oben aufgeführten allgemeinen Verfahren zur Internetsucht schließt die OSV-S zudem ein Filteritem ein, welches eine genauere Eingrenzung der konkret suchtartig genutzten Internetanwendungen erlaubt und somit eine Differenzierung z. B. in Computerspielsucht, suchtartige Nutzung von sozialen Netzwerken oder onlinepornographischen Seiten ermöglicht.

> **Zusammenfassung: Psychometrische Verfahren zur Internet- und Computerspielsucht**
> Es gibt eine Fülle von Fragebogenverfahren zur klinischen Klassifikation des Internetnutzungsverhaltens. Allen gemeinsam ist, dass sie gängige suchtassoziierte Kriterien, wie etwa Kontrollverlust, Toleranzentwicklung und Fortführung des Konsums trotz negativer Konsequenzen operationalisieren. Die meisten verfügbaren Verfahren sind auf statistischer Ebene validiert, allerdings sind wichtige klinische Validierungsansätze die große Ausnahme.

8.4.2 Interviewbasierte Diagnostik

Während Fragebogenverfahren vornehmlich für den Einsatz in epidemiologischen Erhebungen geeignet sind, stellen sie für den klinischen Anwendungsbereich eher ein ergänzendes Moment im Rahmen des diagnostischen Prozesses dar. Für den deutschen Sprachraum liegt derzeit lediglich ein validiertes klinisches Ratingverfahren vor, welches an die oben vorgestellte Skala zum Online-Suchtverhalten (OSV-S; Wölfling et al. 2016) angelehnt ist. Die Checkliste zum Online-Suchtverhalten (OSV-C; Wölfling et al. 2012) basiert auf sechs wesentlichen Kriterien der Internetsucht, welche in Form eines halbstrukturierten Interviews hinsichtlich ihrer Intensität innerhalb der letzten zwölf Monate eingeschätzt werden. Der Tabelle 3 können die Themenfelder der OSV-C sowie Beispielfragen zu den einzelnen Kriterien entnommen werden. Die Einschätzung seitens des Therapeuten erfolgt nach den Kategorien nicht erfüllt (0), selten erfüllt (1), manchmal erfüllt (2), bisweilen erfüllt (3), oft erfüllt (4) und sehr oft erfüllt (5). Zusätzlich wird eine Einschätzung über die genaue Form des problematischen Internetverhaltens ermöglicht.

Tab. 3: Checkliste zum Onlinesuchtverhalten (OSV-C): Kategorien und Beispielfragen.

Kriterium	Beispielfragen
Craving/Eingenommenheit	Haben Sie häufig das Gefühl, jetzt sofort online gehen zu müssen?
	Erleben Sie es häufig, dass Ihre Gedanken unwillentlich um Onlineaktivitäten kreisen?
Toleranzentwicklung	Sind Sie im Vergleich zu der Zeit vor einem Jahr deutlich häufiger online?
	Hat sich Ihr Nutzungsverhalten über die letzten 12 Monate hinweg intensiviert?
Entzugssymptome	Ist es schon vorgekommen, dass Sie andere Menschen angeschrien haben, wenn Ihnen diese sagten, dass Sie zu lange online seien oder Sie bei der Nutzung störten?
	Fühlen Sie sich rastlos, motivationslos oder ideenlos, wenn Sie nicht online sein können?

Tab. 3: Checkliste zum Onlinesuchtverhalten (OSV-C): Kategorien und Beispielfragen. – Fortsetzung

Kriterium	Beispielfragen
Kontrollverlust	Haben Sie schon erfolglos versucht, die Internetnutzung zu reduzieren?
	Haben Sie wiederholt das Gefühl, das Gespür für das Verstreichen der Zeit zu verlieren, wenn Sie online sind?
Interessenverlust	Haben Sie festgestellt, dass Ihnen andere Aktivitäten (außer der Internetnutzung) weniger Spaß machen als früher?
	Haben Sie andere Interessen oder Hobbies reduziert oder ganz aufgegeben, um sich stärker dem Internet widmen zu können?
Fortführung des Konsums	Haben Sie festgestellt, dass Sie im Zuge der Internetnutzung weniger mit Freunden oder der Familie unternommen haben?
	Haben Ihre Leistungen am Arbeitsplatz/in der Schule/im Studium nachgelassen oder an Qualität verloren, seitdem Sie das Internet intensiver nutzen?

9

Therapieplanung und Intervention

9.1 Therapieplanung

Wie bei allen anderen Heilbehandlungen auch gilt der Grundsatz: Vor der Intervention steht die Diagnostik. Im vorigen Kapitel wurde bereits ausführlich dargestellt, was im diagnostischen Prozess bei Internetsucht zu beachten ist, entsprechend muss auch vor der Interventionsplanung die Indikationsstellung sorgfältig geprüft werden. Wesentliche Leitfragen stellen sich hier:

- Stellt das unkontrollierte Internetnutzungsverhalten die primäre Problematik dar?

- Bestehen wesentliche komorbide Erkrankungen, die eine gesonderte Behandlung bedürfen?
- Wie ist der Schweregrad und die Chronifizierung des suchtartigen Verhaltens einzuschätzen?

Es wurde bereits an mehreren Stellen darauf hingewiesen, dass ein übermäßiger beziehungsweise exzessiver Internetkonsum nicht als hinreichendes Kriterium für eine suchtartige Nutzung angesehen werden kann. Bei der Indikationsstellung ist von daher immer eine Einschätzung darüber notwendig, ob sich eine andere Problematik in direkter Folge im Konsumverhalten manifestiert (Müller (2013) schlägt für diesen Fall die Bezeichnung »symptombedingte dysfunktionale Internetnutzung« vor) oder ob die Wirkrichtung eine andere ist und sich etwa aus der suchtartigen Internetnutzung erst weitere Problemfelder entwickelt haben. Nur im letzteren Fall würde man von einer Internetsucht im engeren Sinne sprechen.

9.2 Psychotherapeutische Interventionsstrategien

Vor dem Beginn der eigentlichen Intervention sollte eine möglichst konkrete Ausformulierung von individuellen Therapiezielen stehen. Neben der Modifikation des eigentlich problematischen Verhaltens, also der Internetnutzung, können und sollten hier auch im weiteren Sinne mit der Problematik in Zusammenhang stehende Ziele definiert werden. In der Praxis findet sich etwa der Wunsch nach einer stärkeren Teilnahme am sozialen Leben, die Wiederaufnahme von Hobbys oder eine höhere Selbstsicherheit. Bereits in Kapitel 7 wurde herausgearbeitet, dass eine geringe Ausprägung des Persönlichkeitsmerkmals Gewissenhaftigkeit sowie eine Tendenz zur Prokrastination häufig bei Betroffenen anzutreffen sind. Insbesondere die zu Beginn dargestellte Fallvignette zur Computerspielsucht veranschaulicht diesen Umstand. Vor diesem Hintergrund sollten Ziele möglichst realistisch und konkret formuliert werden. Bei der Zielformulierung sollte gemeinsam mit dem Patienten eine Zerlegung dieser übergeordneten (distalen) Ziele in Teilziele (proximale Ziele) erfolgen. In diesem Zusammenhang kann es von Nutzen sein, dem Patienten einprägsame Techniken vorzustellen, mit deren Hilfe er systematisch auf Ziele hinarbeiten kann, wie etwa das Handlungstheoretische Modell von Heckhausen und Heckhausen (2007). Hier besteht die Grundidee darin, (distale) Ziele möglichst in klar umrissene proximale Ziele zu gliedern und bei der Zielverfolgung frühzeitig Strategien der Handlungsplanung und des Handlungsmonitorings zu etablieren. Die Handlungsplanung sieht eine möglichst konkrete Definition von Maßnahmen zur Umsetzung der Zielverfolgung vor (bspw. an welchem Tag und zu welcher Uhrzeit wird das neue Verhalten erstmals ausgeführt? In welcher Regelmäßigkeit kann das neue Verhalten realistischerweise erprobt werden? Welche unterstützenden Ressourcen stehen zur Verhaltensausführung und Verhaltenskonsolidierung zur Verfügung?). Das Handlungsmonitoring umfasst Bewertungsprozesse nach den ersten Erfahrungen mit dem neuen Verhalten, welche als Probeläufe verstanden werden können. Hier liegt das wesentliche Ziel darin, wahrgenommene Schwierigkeiten in der Verhaltensausführung zu identifizieren und entsprechend umsetzbare Gegenmaßnahmen zu entwickeln.

Die Etablierung einer Abstinenz vom Suchtmittel ist bei der Behandlung von Abhängigkeitserkrankungen in der Regel das vorrangige Ziel. Im Zusammenhang mit der Internetsucht ist der Abstinenzbegriff auf den ersten Blick schwierig einzuordnen (insbesondere in Fallvignette 2), begleitet uns das Internet doch mittlerweile in annähernd allen Lebenslagen. Bereits in vorigen Kapiteln wurde herausgestellt, dass sich Internetsucht als Sammelbegriff nicht etwa auf das Internet in seiner Gesamtheit bezieht. So findet man bei Patienten in der Regel eine bestimmte Form internetsüchtigen Verhaltens, die sich beispielsweise auf die Nutzung von Online-Computerspielen oder Onlinepornographie beziehen kann. Eine Abstinenzvereinbarung sollte sich somit primär auf die in der Exploration geschilderte kritische Internetanwendung beziehen und nicht pauschal auf die Gesamtheit aller Internetaktivitäten generalisiert werden. Bei der generalisierten Form der Internetsucht (vgl. Fallvignette 2) erscheint es zunächst nochmals komplizierter, den Abstinenzbegriff konkret zu definieren; auch die Patienten haben zumeist Schwierigkeiten, jene Aspekte ihres Onlineverhaltens zu identifizieren, die mit einem Kontrollverlust assoziiert sind. Hier empfiehlt es sich, besonderes Augenmerk auf das individuelle Nutzungsmuster zu legen. Dies kann dadurch unterstützt werden, dass der Patient alle Webseiten protokolliert, die er regelhaft besucht, eine Aufstellung aller aktiven Accounts vornimmt und zudem eine Einschätzung der Häufigkeit und Dauer der besuchten Webseiten vornimmt. Eine Charakterisierung der genutzten Inhalte der gesammelten Webseiten, beispielsweise hinsichtlich der persönlichen Bedeutsamkeit und der mit der Nutzung erlebten Erwartungshaltung, können helfen, schließlich doch Muster und Nutzungsmotive in dem anfänglich als diffus erlebten Onlineverhalten zu erkennen und hierüber den Begriff der Abstinenz näher zu bestimmen.

Speziell bei jugendlichen Patienten kann es sich zudem als sinnvoll erweisen, gemeinsam mit dem Patienten eine hierarchische Einordnung verschiedener Internetaktivitäten nach ihrem Potenzial, einen Kontrollverlust zu begünstigen, vorzunehmen. Dieses Vorgehen wurde auch schon als »Ampelmodell« bezeichnet. Grüne Anwendungen beziehen sich hier auf unkritische Aktivitäten, rote auf solche, gegenüber denen eine Abstinenz einzuhalten ist. Gegenüber gelben Aktivitäten, also solchen, die in der Vergangenheit zumindest bisweilen zu Kontrollverlusterlebnissen geführt haben, sind Strategien einzuüben, die einen funktionalen Umgang begünstigen (z. B. Stopp-Techniken oder auch externe Begrenzungen).

> **Vertiefung: Motivationsaufbau**
> Es ist ein wesentliches Merkmal von Abhängigkeitserkrankungen, dass sich Patienten lange Zeit, viele auch fortwährend, in einer Ambivalenz zwischen dem Wunsch nach einer Verhaltensänderung und der Fortführung des Konsums befinden. Es überrascht somit wenig, dass es sich bei Patienten mit Internetsucht ganz ähnlich

verhält. Insbesondere bei Jugendlichen und jungen Erwachsenen, die noch bei den Eltern wohnen, stellen Außenstehende früher eine problematische Entwicklung fest, als der Betroffene selbst. Im therapeutischen Kontakt sollte entsprechend Wert darauf gelegt werden, den Anteil intrinsischer Veränderungsmotivation zu eruieren und diesen unter Umständen über motivationsfördernde Techniken zu erhöhen. In diesem Zusammenhang bietet sich das bewährte Verfahren des Motivational Interviewing an (Miller und Rollnick 2012). Neben dieser Gesprächsführungstechnik können zudem Gedankenexperimente eingesetzt werden. Hier wird der Patient gebeten, in Form eines Vierfelderschemas Vor- und Nachteile der Fortführung des Verhaltens gegenüber Vor- und Nachteilen einer Verhaltensänderung abzuwägen und sich – in Abhängigkeit einer vollzogenen Änderung oder Beibehaltung des Verhaltens – jeweils das eigene Leben in naher Zukunft plastisch vorzustellen. In diesem Zusammenhang empfiehlt es sich, entsprechende Erkenntnisse des Patienten zu verschriftlichen, was bspw. über geeignete Arbeitsblätter erfolgen kann.

Um direkt zu Beginn der Therapie einen Überblick über Craving auslösende Bedingungen und damit verbundene (dysfunktionale) Reaktionen zu erhalten, können standardisierte Verhaltensprotokolle hilfreich sein. Derartige Protokolle, die an das klassische SORCK-Schema angelehnt sind, werden dem Patienten etwa in Form eines Wochenprotokolls ausgehändigt und ausgefüllt zum nächsten Termin mitgebracht, wo gemeinsam eine Besprechung und Analyse der aufgeführten Situationen erfolgt. Über die Analyse der kritischen Situationen sowie der damit einhergehenden Kognitionen, Emotionen und körperlichen Empfindungen können Beziehungen zur Stärke des ausgelösten Nutzungsverlangens (skaliert auf einem Kontinuum zwischen 0 – kein Verlangen bis 100 – maximales Verlangen nach der Nutzung) und – soweit gegeben – dem Ausmaß des Nutzungsverhaltens (welches beispielsweise in Onlinestunden abgetragen werden kann) erreicht werden. Dies ermöglicht nicht nur dem Patienten im Sinne der Psychoedukation eine stärkere Transparenz von der Nutzung zu Grunde liegenden Dynamiken, es erlaubt obendrein die Erstellung einer individuellen Sammlung von potenziell gefährdenden Situationen. Gemeinsam mit dem Therapeuten können diese Situationen genauer betrachtet werden, Strategien zum funktionalen Umgang mit diesen eingeübt und ebenso Maßnahmen zur Rückfallprophylaxe ausgearbeitet werden.

Der Psychoedukation kommt gerade zu Beginn der Intervention eine große Bedeutung zu. Über etablierte Modelle, wie etwa die Drei Teufelskreise der Sucht (Küfner und Bühringer 1996), kann mit dem Patienten ein individuelles Störungsmodell ausgearbeitet werden, welches ihm hilft, die Problematik besser greifen zu können. Eine Ergänzung psychologischer Wirkmechanismen um neurobiologische Aspekte und Faktoren der (frühen) lebensgeschichtlichen Sozialisation kann bei dem Patienten den Ich-Bezug zur Problematik und seiner Entstehung fördern (▶ Abb. 9).

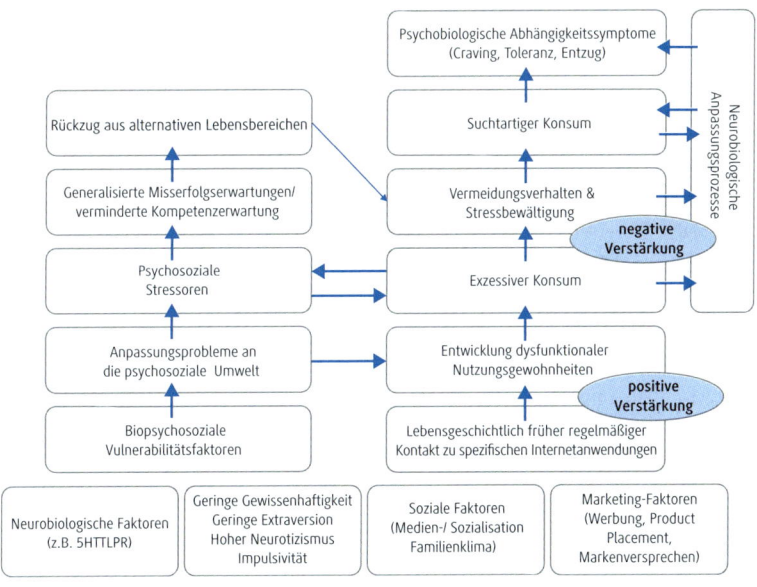

Abb. 9: Psychoedukatives Störungsmodell der Internetsucht.

Die vom Therapeuten begleitete und damit kontrollierte Konfrontation des Patienten mit suchtassoziierten Reizen hat sich in der Behandlung von Abhängigkeitserkrankungen bewährt (z. B. Lindenmeyer 2004). Der Kerngedanke besteht darin, dass durch die Reizkonfrontation zwar Craving ausgelöst wird, dieses jedoch nicht im Sinne der dysfunktional erlernten Verhaltensweise (also mit Konsum) beantwortet wird (Reaktionsverhinderung), sondern vom Patienten unter Verbalisierung der auftretenden Kognitionen, Affekte und Körperempfindungen bewusst ausgehalten wird. Insofern überrascht es nicht, dass Expositionstechniken auch bei der Behandlung einer Internetsucht eingesetzt werden (vgl. z. B. Wölfling et al. 2013). Wichtig ist hier, dass die Exposition erst dann beendet werden sollte, wenn der Patient ein spürbares Absinken des Nutzungsverlangens angibt. In der daran anschließenden Besprechung der Situation bietet sich die Ausarbeitung von sogenannten Notfallkarten an. Auf diesen hält der Patient möglichst persönliche und ich-nahe Beweggründe für die Aufrechterhaltung der begonnenen Abstinenz fest. In den bereits zuvor identifizierten und den neu hinzukommenden Verführungssituationen wird er angehalten, automatisiert auf dieses Kärtchen zurückzugreifen, sodass man auch hier im weitesten Sinne von einer Stopp-Technik sprechen kann.

> **Vertiefung: Expositionstechniken, kognitives Umstrukturieren und computergestützte Therapiebausteine**
> Während Maßnahmen des kognitiven Umstrukturierens als klassisches Element der Verhaltenstherapie zweifellos eine gute Wirksamkeit aufweisen, stellt sich gerade bei suchtbezogenen Phänomenen die Frage, inwieweit nicht nur explizite, sondern auch implizite dysfunktionale Kognitionen, die mit einer Aufrechterhaltung des Problemverhaltens in Zusammenhang stehen, einer gesonderten Betrachtung bedürfen. Gerade vor dem Hintergrund, dass implizite Lernvorgänge durch wiederholte Erfahrungen mit der Substanz bzw. der Verhaltensausführung in einer mnestischen Struktur, die als Suchtgedächtnis bezeichnet werden kann, abge-

9.2 Psychotherapeutische Interventionsstrategien

speichert werden und in der Folge verhaltenswirksam bleiben, erscheint es höchst relevant, diesen Aspekt in das therapeutische Handeln einzubeziehen. Erste vielversprechende Ansätze, jene impliziten Kognitionen und assoziativen Netzwerke therapeutisch zu modifizieren, konnten von Wiers und Kollegen (2015) in der Behandlung der Alkoholabhängigkeit unter der Bezeichnung »Cognitive Bias Modification« erbracht werden. Im Rahmen der Standardtherapie von Alkoholabhängigen wurde ein computergestütztes Trainingsprogramm als zusätzliches Therapieelement programmiert. Dieses Programm sieht vor, dass auf einem Bildschirm Alkoholreize und neutrale Kontrollreize (nichtalkoholische Getränke) in zufälliger Abfolge präsentiert werden. Der Patient, welcher mit einem Joystick vor dem Bildschirm sitzt, hat die Aufgabe, Alkoholreize nach ihrem Erscheinen so schnell wie möglich mit einer Drückbewegung des Joysticks zu beantworten, woraufhin das Bild kleiner wird. Neutrale Vergleichsbilder hingegen sollen mit einer Zugbewegung des Joysticks beantwortet werden. Über wiederholt durchgeführte Trainingsdurchgänge, die sich über den gesamten Therapieprozess erstrecken, werden die Elemente der Exposition und der kognitiven Umstrukturierung kombiniert. Auf theoretischer Ebene soll es zu einer Abschwächung automatisierter dysfunktionaler Reiz-Reaktions-Verknüpfungen kommen. Die von Wiers und Kollegen (2011 und 2015) veröffentlichten ersten Evaluationsstudien geben Anlass zu Optimismus: Bei Patienten, die das Training absolvierten, konnten die Rückfallraten leicht gesenkt sowie eine Abschwächung der alkoholbezogenen impliziten Assoziationen erreicht werden. Daneben fanden sich in einer fMRT-Studie bei Konfrontation mit suchtassoziierten Reizen veränderte kortikale Reaktionsmuster des Patienten, die auf neurobiologischer Ebene für eine verminderte Reaktivität auf diese Reize hindeuten (Wiers et al. 2015).

Aufgrund der phänomenologischen Nähe der Internet- und Computerspielsucht zu substanzgebundenen Abhängigkeiten kann gefolgert werden, dass eine Übertragung des Vorgehens zur Umstrukturierung impliziter Kognitionen bei Alkoholabhängigkeit möglich erscheint. Erste Pilotdaten zur Anwendbarkeit des Verfahrens der Cognitive Bias Modification bei Patienten mit Computerspielsucht wurden bereits erfolgreich durchgeführt, sodass hier möglicherweise eine neue Option für die Ergänzung bisheriger Therapieansätze zur Verfügung steht (Wölfling et al. 2015). Systematische klinische Studien zu den Effekten dieser Verfahren fehlen derzeit jedoch noch.

Zusätzlich zu diesen problemspezifischen Maßnahmen sollten zwei assoziierte Problembereiche einbezogen werden, die nach dem heutigen Stand der Forschung häufig mit Internetsucht in Beziehung stehen. Hierbei handelt es sich erstens um eine oftmals ausgeprägte soziale Unsicherheit bis hin zur sozialen Ängstlichkeit (Gentile et al. 2011; Ko et al. 2009; Müller, Beutel et al. 2014) und zweitens um eine ebenfalls häufig erhöhte allgemeine Stressanfälligkeit, verbunden mit dysfunktionalen Copingstrategien (vgl. Wölfling et al. 2011; Floros et al. 2014). Da diese assoziierten Problemlagen als aufrechterhaltende Faktoren in Betracht zu ziehen sind, demnach also dem Therapiefortschritt im Wege stehen und zudem wiederum Leidensdruck beim Patienten erzeugen, sollte eine umfassende Behandlung Elemente aus sozialen Kompetenztrainings und Stressbewältigungstrainings enthalten.

Bei der Bewertung der Wirksamkeit einzelner psychotherapeutischer Verfahren muss beachtet werden, dass derzeit insgesamt nur wenige Psychotherapiestudien zur Internetsucht vorliegen und methodisch anspruchsvolle, randomisierte und kontrollierte Studien gänzlich fehlen. Aus der bisherigen Literatur kann jedoch vorläufig abgeleitet werden, dass verhaltenstherapeutisch orientierte Interventionsformen sowie multimodale Therapieprogramme mit guten Effekten einhergehen. Auch die Ergebnisse der bisher einzigen verfügbaren Metaanalyse unter Einschluss von 16 veröffentlichten Interventionsstudien deuten in diese Richtung (Winkler et al. 2012).

Eine systematische Übersichtsarbeit aus dem Jahre 2011 (King et al. 2011) verdeutlicht, dass hier noch viel Forschungsbedarf herrscht. Die systematische Überprüfung von acht veröffentlichten Psychotherapiestudien zur Internetsucht ergab, dass der Großteil der Studien methodische Mängel aufweist. Hierzu zählen beispielsweise das Fehlen eines manualisierten Vorgehens in der Interventionsphase, unklar definierte Ein- und Ausschlusskriterien sowie primäre und sekundäre Endpunkte und fehlende Kontrollgruppen für statistische Vergleiche. Auch die Patientenzahlen, auf denen die statistischen Auswertungen beruhten, schwankten zwischen den Einzelstudien deutlich (zwischen 25 und 114 Patienten) – gerade bei Studien mit kleinen Stichproben ergeben sich daher Schwierigkeiten in der Interpretierbarkeit der Befunde.

Ausgehend von der Studie von King und Kollegen (2011) konnte sich jedoch eine Einzelstudie, die auf einem multimodalen Programm für betroffene Jugendliche basierte, durch eine hohe methodische Qualität auszeichnen. In der Erhebung von Du und Kollegen (2010) kam eine verhaltenstherapeutische Gruppenintervention für insgesamt 56 Patienten zum Tragen, die neben der Behandlung der Betroffenen selbst auch eine Fortbildung für deren Eltern und die zuständigen pädagogischen Fachkräfte beinhaltete. Die Patienten wurden per Zufall in eine Behandlungs- und eine Kontrollgruppe (keine Behandlung) verteilt und es erfolgten zwei Folgemessungen, einmal direkt nach dem Interventionsende und einmal als Follow-up sechs Monate später. Als Kriterien zur Überprüfung des Therapieerfolgs wurden der Punktwert in einem Selbstbeurteilungsfragebogen zur Internetsucht (Internet Overuse Self-Rating Scale; Cao und Su 2006), Kompetenzen im Bereich des individuellen Zeitmanagements und die psychosoziale Symptombelastung definiert. Die Auswertung ergab, dass in beiden Gruppen sowohl unmittelbar nach der Therapie als auch ein halbes Jahr später ein statistisch signifikant reduzierter Punktwert in der Internet Overuse Self-Rating Scale gemessen wurde und dass die Behandlungsgruppe zusätzlich sinkende Werte in den Symptombereichen Ängstlichkeit, Hyperaktivität, allgemeine Verhaltensprobleme und Aufmerksamkeitsdefizite sowie eine Verbesserung der Zeitmanagementkompetenzen aufwies.

Die weiter oben angeführte Metaanalyse von Winkler und Kollegen (2012) liefert weiterführende Hinweise auf die Wirksamkeit einzelner psychotherapeutischer Interventionsformen. Basierend auf einer Gesamtzahl von 670 Patienten mit Internetsucht und komorbiden Diagnosen konnte hier beispielsweise erstmals die durchschnittliche Drop-out Rate berechnet werden. Diese belief sich auf überraschend geringe 18,6 % an Patienten, die die Therapie aus eigenem Ermessen abbrachen. Inhaltlich erwies sich, dass die untersuchten Psychotherapieverfahren gute Effektstärken auf die Reduktion der täglichen Onlinezeiten nach der Therapie aufwiesen, insbesondere kognitiv-behaviorale Ansätze verbuchten sogar sehr gute Effektstärken ($d = 0.84$ bis 2.13). Bei den verhaltenstherapeutischen Interventionsformen war zudem ein starker reduzierender Einfluss auf assoziierte depressive Symptome beobachtbar. Dies ist eine wichtige Erkenntnis, da depressive Symptome eine häufige Begleiterscheinung bei internetsüchtigen Patienten darstellen (vgl. z. B. Carli et al. 2012). Hohe Effektstärken zwischen $d = 1.22$ und 2.23 ergaben sich ebenso hinsichtlich der Reduktion der Symptome der Internetsucht. Eine Untersuchung von zusätzlichen Faktoren, die den Behandlungsausgang positiv beeinflussen, war leider in nur sehr eingeschränktem Umfang möglich. Es ergaben sich allerdings Hinweise darauf, dass ältere Patienten mehr von der Behandlung profitierten als Jugendliche.

Aus diesen ersten Ergebnissen ist abzulesen, dass das neue Störungsbild der Internetsucht mit den derzeit erprobten therapeutischen Interventionen gut behandelbar ist. Jedoch darf nicht außer Acht gelassen werden, dass diese Metaanalyse nur auf sehr wenigen Studien mit erheblichen methodischen Schwankungen basiert und dementsprechend noch Zurückhaltung in der Generalisierbarkeit der Befunde geboten ist. Weitere Studien sind unbedingt nötig, um eine ganze Reihe von offenen Fragen zu klären, beispielsweise ob bzw. inwieweit einzelne Subformen der Internetsucht spezifische Interventionsschwerpunkte oder -strategien erfordern. Wie aus den

Fallvignetten im ersten Kapitel ersichtlich ist, bringen Patienten mit unterschiedlichen Varianten internetsüchtigen Verhaltens zwar viele Gemeinsamkeiten, jedoch zweifellos auch Unterschiede mit. Die Anwendbarkeit und Übertragbarkeit der verfügbaren therapeutischen Strategien auf unterschiedliche internetbezogene Störungsformen muss also noch systematisch überprüft werden. Eine ausreichende Evidenz wiederum kann nur dann erreicht werden, wenn randomisierte, kontrollierte klinische Studien an ausreichend hohen Fallzahlen realisiert werden. Aktuell wird die erste derartige Studie zwar durchgeführt (Jäger et al. 2011; Wölfling et al. 2014), ihre Ergebnisse liegen jedoch noch nicht vor.

> **Zusammenfassung: Wirksamkeit therapeutischer Verfahren zur Internetsucht**
> Es ist der Neuheit des Störungsbildes geschuldet, dass das Wissen um die Wirksamkeit psychotherapeutischer Interventionen bei Internetsucht noch sehr begrenzt ist. Zwar existieren bereits vereinzelte Therapiewirksamkeitsstudien, jedoch erfüllen hiervon nur die allerwenigsten die Standards objektiver klinischer Forschung (für eine Bewertung der vorliegenden Studien hinsichtlich ihrer Qualität siehe King et al. 2012).
> Positiv hervorzuheben ist, dass eine Forschergruppe im Jahre 2013 (Winkler et al. 2013) eine erste Meta-Analyse zu den bisherigen Interventionsstudien (n = 16) veröffentlicht hat. Die Gesamtergebnisse stimmen positiv: Sowohl psychotherapeutischen als auch pharmakologischen Verfahren wurde eine gute Wirksamkeit hinsichtlich der Kernsymptome der Internetsucht und auch assoziierter depressiver Symptome bescheinigt. Unter den psychotherapeutischen Verfahren zeichneten sich insbesondere kognitiv-behaviorale Ansätze aus.
> Ungünstig ist allerdings der Umstand, dass es derzeit keine langfristig angelegten Studien gibt, somit also belastbare Katamnese-Erhebungen fehlen. Die oben genannten Befunde bilden lediglich Veränderungen der Problematik unmittelbar nach Ab-

schluss der Therapie ab; inwieweit von einer zeitlichen Stabilität dieser positiven Befunde ausgegangen werden darf, ist also zum gegenwärtigen Zeitpunkt noch völlig offen.

9.3 Pharmakologische Therapieansätze

Die Datenlage zur Wirksamkeit psychopharmakologischer Interventionen bei Internetsucht ist derzeit zu dünn, um fundierte Aussagen zu deren Anwendbarkeit zu treffen. In der bereits weiter vorn beschriebenen Metaanalyse von Winkler und Kollegen (2013), schafften es lediglich drei pharmakologische Studien mit ausreichend hoher methodischer Qualität, in die Analyse mit einbezogen zu werden. Einschränkend muss bemerkt werden, dass auch diese Studien vergleichsweise geringe Qualitätsscores nach dem hier angewandten Punktesystem erzielten.

Im Einzelnen handelte es sich bei den erprobten Psychopharmaka um Escitalopram, einen Selektiven-Serotonin-Wiederaufnahme-Hemmer (SSRI), welcher zur Behandlung von Depressions-, Zwangs- und Angsterkrankungen eingesetzt wird (Dell´Osso et al. 2008). In einer weiteren Studie (Han et al. 2010) kam Bupropion zum Einsatz, ein Wirkstoff aus der Klasse der selektiven Dopamin- und Noradrenalin-Wiederaufnahme-Hemmer, welche ebenfalls mit einer antriebssteigernden Wirkung assoziiert werden, deren genaue Wirkungsweise jedoch noch weitgehend ungeklärt ist. Schließlich wurde in der dritten Studie (Han et al. 2009) das ADHS-Präparat Methylphenidat verabreicht.

Die Auswertung der Effekte der drei pharmakologischen Interventionsformen erbrachte hohe Effektstärken von $d = 1.26$ in Bezug auf die Kernsymptome der Internetsucht, was auf eine gute Wirksamkeit hindeutet. Interessanterweise fielen die Effektstärken auf assoziierte depressive Symptome, die als sekundäre Zielvariablen erfasst wurden, mit $d = 0.12$ deutlich geringer aus, vor allem im Vergleich zu verhaltenstherapeutischen Interventionsformen ($d = 2.15$). Als weitere Einschränkung hinsichtlich der Generalisierbarkeit der Befunde ist zu erwähnen, dass sich alle drei Studien auf sehr kleine Stichproben zwischen 11 und 21 Patienten bezogen. Dieser Umstand sowie das Fehlen von Follow-up-Erhebungen in ausreichend bemessenen Zeitrahmen nach Beendigung der Therapie müssen als klare Mängel betrachtet werden und es besteht somit die dringende Notwendigkeit, diese ersten Ergebnisse in größer angelegten Studien, die allen Standards klinischer Studien entsprechen, zu überprüfen.

10

Synopse und Ausblick

Nach etwa zehn Jahren Forschung zum Störungsbild der Internetsucht sind zwar noch immer zu viele Fragen offen, jedoch klärt sich auch das Bild von diesem neuartigen klinischen Phänomen immer mehr. Fest steht – und hier herrscht Einigkeit auch zwischen jenen Klinikern und Forschern, deren Ansicht von der Klassifikation der Problematik grundverschieden sind – dass es sich bei der Internetsucht um ein klinisch relevantes und behandlungsbedürftiges Störungsbild handelt, welches für den Betroffenen mit teilweise schwerwiegenden Einschnitten in der Lebensführung und dem psychosozialen Funktionsniveau einhergeht und das daher erheblichen Leidensdruck verursacht.

Mit einer Häufigkeit des Auftretens in Deutschland, die sich in der Allgemeinbevölkerung auf bis zu 2 %, im Jugendalter sogar auf bis zu

4 % beläuft, kann man zudem nicht mehr von einer seltenen Erkrankung sprechen. Ein Auf- und Ausbau vorhandener Behandlungsstrukturen auf allen Ebenen, angefangen von Präventionskampagnen und Frühinterventionsprogrammen bis zu ambulanten und stationären sowie Nachsorgeangeboten, ist dringend erforderlich, um Betroffenen, aber auch deren Angehörigen die notwendige Unterstützung zukommen zu lassen. Zu diesem Zwecke ist zuvor allerdings eine Anerkennung der Internetsucht als Störungsbild maßgeblich. Aktuell findet sich lediglich im DSM-5 eine vorübergehende Verschlüsselung der Computerspielsucht als Forschungsdiagnose, ob im ICD-11 eine (vollwertige) Aufnahme zu erwarten ist, kann derzeit nicht eingeschätzt werden.

Während die Computerspielsucht in vielen Bereichen gut erforscht ist, herrscht noch weitgehend Unsicherheit, was die Phänomenologie und Häufigkeit weiterer Formen internetsüchtigen Verhaltens betrifft. Hier ist die Forschung gefordert, entsprechendes Wissen zu schaffen, um in der Praxis einen adäquaten Umgang mit Patienten zu ermöglichen. Forschung wird auch benötigt, um die ersten therapeutischen Ansätze zur Behandlung der Internetsucht, die aktuell bereits verfügbar sind, hinsichtlich ihrer mittel- und langfristigen Effekte zu evaluieren.

Insbesondere das Wissen um die Ursachen der Entstehung von Internetsucht ist als noch zu begrenzt anzusehen. Während einige Erfolge im Bereich der Identifizierung von personalen Vulnerabilitätsfaktoren zu verzeichnen sind, sind Kenntnisse über das Wirken von Strukturmerkmalen bestimmter Internetangebote und deren Interaktion mit den individuellen Risikofaktoren noch weitgehend begrenzt. Betrachtet man die rasante Entwicklung, die das Internet in den letzten Dekaden durchlaufen hat, erscheint dieser Mangel besonderes relevant.

In den letzten Jahren ist das Internet nicht nur in Form mobiler Verfügbarkeit über den privaten Raum hinausgewachsen, verschiedene Bereiche haben auch eine starke Ausdifferenzierung erfahren. Hier sind etwa Online-Computerspiele und die Implementierung glücksspielähnlicher Elemente innerhalb der Spielstruktur zu nennen. Durch die Entwicklung technologischer Möglichkeiten erscheint gerade im Gaming-Sektor zudem noch einiges an Potenzial (in alle erdenklichen Richtungen) ungenutzt. Durch optische Hardware (z. B. Helme oder Brillen mit einem direkten Interface) zum Beispiel kann der Effekt der Immersion, also des unmittelbaren Eintauchens in das Spielgeschehen, nochmals akzentuiert werden. Durch die Erweiterung derartiger Hardware um Messfühler, welche die Erregung des Users registrieren und gegebenenfalls im Sinne eines Biofeedback-Verfahrens an das Programm weitergeben, erscheint es zudem möglich, Computerspiele noch stärker als bisher zu individualisieren. Die Palette der Möglichkeiten ist somit nahezu unendlich. Ob damit auch die Palette der Gefahren um das Moment des Unendlichen erweitert wird, muss die Zukunft zeigen.

Literatur

Aboujaoude E, Koran LM, Gamel N, Large MD, Serpe RT (2006) Potential markers for problematic Internet use: A telephone survey of 2,513 adults. CNS Spectrums 11:750-755.

Albertini V, Te Wild B (2014) Psychodynamik der Verhaltenssüchte. In: Bilke-Hentsch O, Wölfling K, Batra A (Hrsg.) Praxisbuch Verhaltenssucht. Stuttgart: Thieme. S. 40-48.

Alonso J, Petukhova M, Vilagut G, Chatterji S, Heeringa S, Üstün TB, Alhamzawi AO, Viana MC, Angermeyer M, Bromet E, Bruffaerts R, de Girolamo G, Florescu S, Gureje O, Haro JM, Hinkov H, Hu C-Y, Karam EG, Kovess V, Levinson D, Medina-Mora ME, Nakamura Y, Ormel J, Posada-Villa J, Sagar R, Scott KM, Tsang A, Williams DR, Kessler RC (2011) Days out of role due to common physical and mental conditions: results from the WHO World Mental Health surveys. Mol Psychiatr 16:1234-1246.

American Psychiatric Association (Hrsg.) (2013) Diagnostic and statistical manual of mental disorders. 5th ed. Arlington, USA: American Psychiatric Publishing.

Batthyány D, Müller KW, Benker F, Wölfling K (2009) Computerspielverhalten – Klinische Merkmale von Abhängigkeit und Missbrauch bei Jugendlichen. Wien Klin Wochenschr 121:502-509

Beard K (2002) Internet addiction. Current status and implications for employees. J Employment Couns 39:2-11.

Bernardi S, Pallanti S. (2009) Internet addiction: a descriptive clinical study focusing on comorbidities and dissociative symptoms. Compr Psychiatry 50:510-516.

Berridge KC, Robinson TE, Aldridge JW. (2009) Dissecting components of reward: ›liking‹, ›wanting‹, and learning. Curr Opin Pharmacol 9:65-73.

Beutel ME, Hoch C, Wölfling K, Müller KW. (2011) Klinische Merkmale der Computerspiel- und Internetsucht am Beispiel der Inanspruchnehmer einer Spielsuchtambulanz. Z Psychosom Med Psyc 57:77-90.

Bilke-Hentsch O, Wölfling K, Batra A (Hrsg.) (2014) Praxisbuch Verhaltenssucht. Stuttgart: Thieme.

Bilke-Hentsch O (2014) Exzessiver und abhängiger Internet-, Computer- und Mediengebrauch: Prognose und Ausblick. In: Bilke-Hentsch O, Wölfling K, Batra A (Hrsg.) Praxisbuch Verhaltenssucht. Stuttgart: Thieme. S. 125-126.

Literatur

Bischof G, Bischof A, Meyer C, John U, Rumpf HJ (Hrsg.) (2013). Prävalenz der Internetabhängigkeit – Diagnostik und Risikoprofile (PINTA-Diari). Abschlussbericht an das Bundesministerium für Gesundheit. Lübeck: Universität zu Lübeck.

Bischof A, Meyer C, Bischof G, Kastirke N, John U, Rumpf HJ. (2013) Comorbid Axis I-disorders among subjects with pathological, problem, or at-risk gambling recruited from the general population in Germany: results of the PAGE study. Psychiatry Res 210:1065-1070.

Brand M, Laier C, Young KS (2014) Internet addiction: coping styles, expectancies, and treatment implications. Frontiers in Psychology 5:1-14.

Brendel C, Hoffmann S, Dietz P, Simon P, Beutel ME, Wölfling K (2010) Körperliche Beeinträchtigungen bei Computerspielsüchtigen. Sucht 56: 34 [Abstract]

Brunelle N, Gendron A, Leclerc D, Cousineau MM, Dufour M. (2008) Gambling, Internet gambling and substance use among Quebec youth. 9th Ann Natl Council Responsible Gambl Conf Gambl Addict, Mandalay Bay Hotel and Casino Resort, Las Vegas, Nevada.

Campbell JD (1990) Self-esteem and clarity of the self-concept. J Pers Soc Psychol 59:538–549.

Cao F, Su L (2006) The factors related to Internet overuse in middle school students. Chin J Psychiatry 2006; 39:141–4.

Carli V, Durkee T, Wasserman D, Hadlaczky G, Despalins R, Kramarz E, Wasserman C, Sarchiapone M, Hoven CW, Brunner R, Kaess M (2012) The Association between Pathological Internet Use and Comorbid Psychopathology: A Systematic Review. Psychopathology 46:1-13.

Chan PA, Rabinowitz T (2006) A cross-sectional analysis of video games and attention deficit hyperactivity disorder symptoms in adolescents. Annals of General Psychiatry 5:16.

Chang FC, Chiu CH, Lee CM, Chen PH, Miao NF (2014) Predictors of the initiation and persistence of Internet addiction among adolescents in Taiwan. Addict Behav 39:1434–1440.

Chen K, Tarn JM, Han BT (2004) Internet dependency: Its impact on online behavioural patterns in e-commerce. Human Systems Management 23:49–58.

Cheung LM, Wong WS (2011) The effects of insomnia and internet addiction on depression in Hong Kong Chinese adolescents: an exploratory cross-sectional analysis. J Sleep Res 20:311-317.

Chuang YC (2006) Massively multiplayer online role-playing game-induces seizures: A neglected health problem in internet addiction. Cyberpsychol Behav 9: 451456.

Davis RA (2001) A cognitive-behavioral model of pathological Internet use. Comp Hum Behav 17:187-195.

Dell'Osso B, Hadley S, Allen A, Baker B, Chaplin WF, Hollander E (2008) Escitalopram in the treatment of impulsive–compulsive Internet usage disorder: An open-label trial followed by a double-blind discontinuation phase. J Clin Psychiat 69:452–456.

Di Chiara G (2002) Nucleus accumbens shell and core dopamine: Differential role in behavior and addiction. Behav Brain Res 137:75–114.

Drachen A, Nacke LE, Yannakakis G, Pedersen AL (2010) Correlation between heart rate, electrodermal activity and player experience in first-person shooter games. In Proceedings of the 5th ACM SIGGRAPH Symposium on Video Games (pp. 49-54). ACM.

Dreier M, Müller KW, Duven E, Beutel ME, Wölfling K (2013) Das Modell der Vier: Eine Klassifikation exzessiver jugendlicher Internetnutzer in Europa. Kinder- und Jugendschutz 58:96-100.

Dreier M, Kusay A, Beutel ME, Müller KW, Wölfling K (in press) Therapy Outcome in a Short-term Treatment of Internet and Computer game Addition. What makes the Difference? A Qualitative Psychotherapeutic Therapy Outcome Inquiry. Cyberpsychology: Journal of Psychosocial Research on Cyberspace, in press.

Dreier M, Wölfling K, Duven E, Giralt S, Beutel ME, Müller KW (2016) Free-to-play: About addicted Whales, at risk Dolphins and healthy Minnows. Monetarization design and Internet Gaming Disorder. Addict Behav Epub ahead of print doi: 10.1016/j.addbeh.2016.03.008

Du Y, Jiang W, Vance A. (2010) Longer term effect of randomized, controlled group cognitive behavioral therapy for Internet addiction in adolescent students in Shanghai. The Aust Nz J Psychiat 2010; 44:129–34.

Everitt BJ, Robbins TW (2005) Neural systems of reinforcement for drug addiction: From actions to habits to compulsion. Nat Neurosci 8:1481–1489.

Feierabend S, Plankenhorn T, Rathgeb T (2014) JIM 2014: Jugend, Information, (Multi-) Media. Basisstudie zum Medienumgang 12–19-Jähriger in Deutschland [Internet]., November 2014 [zitiert am 09.12.2015]. URL: http://www.¬mpfs.de/fileadmin/JIM-pdf14/JIMStudie_2014.pdf

Festl R, Scharkow M, Quandt T (2013) Problematic computer game use among adolescents, younger and older adults. Addiction 108:592-599.

Floros G, Siomos K, Stogiannidou A, Giouzepas, Garyfallos G (2014) Comorbidity of psychiatric disorders with Internet addiction in a clinical sample: The effect of personality, defense style and psychopathology. Addict Behav 39:1838-1845.

Franco C, Paris JJ, Wulfert E, Frye CA (2010) Male gamblers have significantly greater salivary cortisol before and after betting on horse race than do female gamblers. Physiol Behav 99:225–229.

Fröhlich J, Lehmkuhl G, Döpfner M (2009) Computerspiele im Kindes- und Jugendalter unter besonderer Betrachtung von Suchtverhalten, ADHS und Aggressivität. Z Kinder Jug-Psych 37:393-404.

Fuligni AJ, Hardway C (2006) Daily variation in adolescents' sleep, activities, and psychological well-being. J Res Adolescence 16:353-377.

Garavan H, Pankiewicz J, Bloom A, Cho JK, Sperry L, Ross TJ (2000) Cue-induced cocaine craving: neuroanatomical specificity for drug users and drug stimuli. Am J Psychiat 157:1789-1798.

Gentile DA, Choo H, Liau A, Sim T, Li D, Fung D, Khoo A (2011) Pathological video game use among youths: A two-year longitudinal study. Pediatrics 127:319-329.

Germain C, Vahanian A, Basquin A et al. (2011) Brief report: coronary heart disease: an unknown association to pathological gambling. Front Psychiatry 2:11.

Goldstein RZ, Volkow ND (2002) Drug addiction and its underlying neurobiological basis: Neuroimaging evidence for the involvement of the frontal cortex. Am J Psychiatry 159:1642–652.

Goldstein RZ, Volkow ND (2011) Dysfunction of the prefrontal cortex in addiction: neuroimaging findings and clinical implications. Nat Rev Neurosci 12:652-669.

Grant JE, Potenza MN, Weinstein A, Gorelick DA (2010) Introduction to behavioral addictions. Am J Drug Alcohol Ab 36:233-241.

Griffiths MD, Dancaster I (1995) The effect of Type A Personality on physiological arousal while playing computergames, Addict Behav 20:543-548.

Griffiths M (2005) Video games and health. Brit Med J 331:122-123.

Griffiths M, Parke A, Wood R, Parke J (1995) Internet gambling: an overview of psychosocial impacts. UNLV Gaming Research & Review Journal 10:27-39.

Griffiths MD, Wood RTA (2007) Adolescent Internet gambling: Preliminary results of a national survey. Education and Health 25:23-26.

Griffiths MD (2012) Internet sex addiction: A review of empirical research. Addiction Research & Theory 20:111-124.

Grüsser SM, Thalemann CN (Hrsg.) (2006) Verhaltenssucht - Diagnostik, Therapie, Forschung. Bern: Hans Huber Verlag.

Haagsma MC, Pieterse ME, Peters O (2012) The prevalence of problematic video gamers in the Netherlands. Cyberpsychol Behav Soc Netw 15:162-168.

Haferkamp N, Krämer NC (2011) Social Comparison 2.0: Examining the Effects of Online Profiles on Social-Networking Sites. Cyberpsychol Behav Soc Netw 14:309-314.

Hamari J, Lehdonvirta V (2010) Game design as marketing: How game mechanics create demand for virtual goods. International Journal of Business Science and Applied Management 5:1429.

Han DH, Hwang JW, Renshaw PF (2010) Bupropion sustained release treatment decreases craving for video games and cue-induced brain activity in patients with internet video game addiction. Exp Clin Psychopharm 18:297–304.

Han DH, Lee YS, Na C, Ahn JY, Chung US, Daniels MA, Haws CA, Renshaw PF (2009) The effect of methylphenidate on internet video game play in children with attention-deficit/hyperactivity disorder. Compr Psychiat 50:251–256.

Heckhause J, Heckhausen H (2007) Motivation und Handeln. 3. Aufl. Berlin, Heidelberg, New York: Springer.

Hicks BM, Durbin CE, Blonigen DM, Iacono WG, McGue M. (2011) Relationship between personality change and the onset and course of alcohol dependence in young adulthood. Addiction 107:540-548.

Hirschfeld R, Klerman G, Andreasen N, Clayton P, Keller M (1986) Psycho-social predictors of chronicity in depressed patients. Brit J Psychiat 148:648-654.

Hörmann G (2012) Homo neurobiologicus als neues Leitbild der Suchtforschung? Sucht: Zeitschrift für Wissenschaft und Praxis, 58:84.

Huston AC, Wright JC, Marquis J, Green SB (1999) How young children spend their time: television and other activities. Dev Psychol 35:912-925.

Ihle W, Esser G (2002) Epidemiologie psychischer Störungen im Kindes- und Jugendalter: Prävalenz, Verlauf, Komorbidität und Geschlechtsunterschiede. Psychol Rundsch 53:159-169.

Israelashvili M, Kim T, Bukobza G (2012) Adolescents' over-use of the cyber world–Internet addiction or identity exploration?. J Adolescence 35:417-424.

Jäger S, Müller KW, Ruckes C, Wittig T, Batra A, Musalek M, Mann K, Wölfling K & Beutel ME (2012) Effects of a manualized Short-term Treatment of Internet and Computer game Addiction (STICA): study protocol for a prospective randomised controlled multicentre trial. Trials, 2012, 13(43).

Kalivas PW, Volkow ND (2005) The neural basis of addiction: A pathology of motivation and choice. Am J Psychiat 162:1403–1413.

Kim J, LaRose R, Peng W (2009) Loneliness as the cause and the effect of problematic Internet use: The relationship between Internet use and psychological well-being. Cyberpsychol Behav 12:451-455.

King DL, Delfabbro PH, Griffiths MD et al. (2011) Assessing clinical trials of Internet addiction treatment: A systematic review and CONSORT evaluation. Clin Psychol Rev 2011; 31:1110-1116.

King DL, Haagsma MC, Delfabbro PH, Gradisar M, Griffiths MD (2013) Toward a consensus definition of pathological video-gaming: A systematic review of psychometric assessment tools. Clin Psychol Rev 33:331-342.

King DL, Delfabbro PH, Griffiths MD (2012) Cognitive-Behavioral Approaches to Outpatient Treatment of Internet Addiction in Children and Adolescents. J Clin Psychol 68:1185-1195.

Ko C-H, Yen J-Y, Chen C-S, Yeh Y-C, Yen C-F (2009) Predictive Values of Psychiatric Symptoms for Internet Addiction in Adolescents. Arch Pediatr Adolesc Med 163:937-943.

Ko CH, Liu GC, Hsiao S, Yen JY, Yang MJ, Lin WC, Yen CF, Chen CS (2009) Brain activities associated with gaming urge of online gaming addiction. J Psychiat Res 43:739-747.

Ko CH, Yen JY, Chen SH, Wang PW, Chen CS, Yen CF (2014) Evaluation of the diagnostic criteria of Internet gaming disorder in the DSM-5 among young adults in Taiwan. J Psychiat Res 53:103-110.

Koepp MJ, Gunn RN, Lawrence AD, Cunningham VJ, Dagher A, Jones T, Brooks DJ, Bench CJ, Grasby PM (1998) Evidence for striatal dopamine release during a video game. Nature 393:266–268.

Küfner H, Bühringer G (1996) Drogen- und Medikamentenabhängigkeit: Missbrauch und Abhängigkeit von illegalen Drogen und Medikamenten. In Hahlweg K, Ehlers A (Hrsg.). Psychologische Störungen und ihre Behandlungen: Göttingen: Hogrefe. S. 513-588.

Kuss DJ, Griffiths MD (2012). Internet and gaming addiction: a systematic literature review of neuroimaging studies. Brain Sciences 2:347-374.

Kuss DJ, Shorter GW, van Rooij AJ, Griffiths MD, Schoenmakers T (2013) Assessing Internet Addiction Using the Parsimonious Internet Addiction Components Model - A Preliminary Study. Int J Ment Health Addiction 12: 351-366.

Kuss DJ, Shorter GW, van Rooij AJ, can de Mheen D, Griffiths MD (2014) The Internet addiction components model and personality: Establishing construct validity via a nomological network. Comput Hum Behav 39:312-321.

Kuss DJ, Griffiths MD, Karila L, Billieux J (2014) Internet addiction: a systematic review of epidemiological research for the last decade. Curr Pharm Des 20:4026-4052.

Kuss DJ, Griffiths MD, Binder JF (2013) Internet addiction in students: Prevalence and risk factors. Comput Hum Behav 29:959-966.

LaRose R (2001) On the Negative Effects of E-Commerce: A Sociocognitive Exploration of Unregulated On-line Buying. Journal of Computer-Mediated Communication, 6(3), 0-0. DOI: 10.1111/j.1083-6101.2001.tb00120.x

Lee YS, Han DH, Yang KC, Daniels MA, Na C, Kee BS, Renshaw PF (2008) Depression like characteristics of 5HTTLPR polymorphism and temperament in excessive internet users. J Affect Dis 109:165-169.

Leménager T, Dieter J, Hill H, Koopmann A, Reinhard I, Sell M, Kiefer F, Vollstädt-Klein S, Mann K (2014) Neurobiological correlates of physical self-concept and self-identification with avatars in addicted players of Massively Multiplayer Online Role-Playing Games (MMORPGs). Addict Behav 39:1789-1797.

Lemmens JS, Valkenburg PM, Peter J (2011) The effects of pathological gaming on aggressive behavior. J Youth Adolescence 40:38-47.

Lin MP, Ko HC, Wu JYW (2011) Prevalence and psychosocial risk factors associated with Internet addiction in a nationally representative sample of college students in Taiwan. Cyberpsychol Behav Soc Netw 14:741-747.

Lin PC, Kuo SY, Lee PH, Sheen TC, Chen SR (2014) Effects of internet addiction on heart rate variability in school-aged children. Journal of Cardiovascular Nursing 29:493-498.

Lindenmeyer J (2004) Behandlung von Alkoholabhängigkeit: »Ich habe kein Verlangen« – Cue reactivity bei Alkoholabhängigen. Konfrontationstherapie bei psychischen Störungen: Theorie und Praxis 201.

Maier W, Linz M, Freyberger HJ (1997) Komorbidität von Substanzabhängigkeitsstörungen und anderen psychischen Störungen. In: Soyka M, Möller HJ (Hrsg.). Alkoholismus als psychische Störung. Bayer ZNS-Symposium, Bd XII, S. 75–93.

Malouff JM, Thorsteinsson EB, Schutte NS (2005) The relationship between the five-factor model of personality and symptoms of clinical disorders: a meta-analysis. J Psychopathol Behav 27:101-104.

Mauri M, Cipresso P, Balgera A, Villamira M, Riva G (2011) Why is Facebook so successful? Psychophysiological measures describe a core flow state while using Facebook. Cyberpsychol Behav Soc Netw 14, 723-731.

Milosevic A, Ledgerwood DM (2010) The subtyping of pathological gambling: A comprehensive review. Clin Psychol Rev 30:988-998.

Meerkerk GJ, Van Den Eijnden R, Vermulst AA, Garretsen HFL (2009) The Compulsive Internet Use Scale (CIUS): Some Psychometric Properties. Cyberpsychol Behav Soc Netw 12:1-6.

Mewton L, Slade T, McBride O, Grove R, Teesson M (2011) An evaluation of the proposed DSM-5 alcohol use disorder criteria using Australian national data. Addiction 106:941-950.

Meyer G, Häfeli J, Mörsen C, Fiebig M (2010) Die Einschätzung des Gefährdungspotenzials von Glücksspielen – Ergebnisse einer Delphie-Studie und empirischen Validierung der Beurteilungsmerkmale. Sucht 56:405-414.

Miller WR, Rollnick S (2012) Motivational Interviewing – Helping People Change (third edition). New York: Guilford Press.

Mößle T, Kleimann M, Rehbein F, Pfeiffer, C (2006) Mediennutzung, Schulerfolg, Jugendgewalt und die Krise der Jungen. Zeitschrift für Jugendkriminalrecht und Jugendhilfe 3:295-309.

Moffitt TE (1993) Adolescent-limited and life-course persistent antisocial behavior: A developmental taxonomy. Psychol Rev 100:674-701.

Morrison CM, Gore H (2010) The relationship between excessive internet use and depression: a questionnaire-based study of 1,319 young people and adults. Psychopathology 43:121-126.

Mueller A, Mitchell JE, Crosby RD, Gefeller O, Faber RJ, Martin A, Bleich S, Glaesmer H, Exner C, de Zwaan M (2010) Estimated prevalence of compulsive buying in Germany and its association with sociodemographic characteristics and depressive symptoms. Psychiat Res, 180:137-142.

Müller K (2013) Spielwiese Internet. Sucht ohne Suchtmittel. Heidelberg Berlin: Springer Spektrum.

Müller KW, Koch A, Dickenhorst Beutel ME, Duven E, Wölfling K (2013) Addressing the question of disorder-specific risk factors of internet addiction: A comparison of personality traits in patients with addictive behaviors and co-morbid internet addiction. BioMed Research International, 546342, 7 pages.

Müller KW, Beutel ME, Egloff B, Wölfling K (2014) Investigating risk factors for Internet Gaming Disorder: A comparison of patients with addictive gaming, pathological gamblers and healthy controls regarding the Big Five personality traits. Eur Addict Res 20:129-136.

Müller KW, Glaesmer H, Brähler E, Wölfling K, Beutel ME (2014) Internet addiction in the general population. Results from a German population-based survey. Behav Inform Technol 33:757-766.

Müller KW, Janikian M, Dreier M, Wölfling K, Beutel ME, Tzavara C, Richardson C, Tsitsika A (2015) Regular gaming behavior and Internet Gaming Disorder in European adolescents: Results from a cross-national representative survey of prevalence, predictors and psychopathological correlates. Eur Child Adoles Psy 24:565-574.

Müller KW, Dreier M, Wölfling K (2016) Excessive and addictive use of the internet – prevalence, related contents, predictors, and psychological consequences. In: Reinecke L & Oliver MB (Eds.), The Routledge Handbook of Media Use and Well-Being (pp 223-236). New York: Routledge, Taylor and Franics Group.

Müller A, Mitchell JE, Crosby RD, Cao L, Claes L, de Zwaan M (2012) Mood states preceding and following compulsive buying episodes: An ecological momentary assessment study. Psychiat Res 200:575-580.

Müller KW, Beutel ME, Wölfling K (2014) A contribution to the clinical characterization of Internet Addiction in a sample of treatment seekers: Validity of assessment, severity of psychopathology and type of co-morbidity. Compr Psychiat 55:770-777.

Müller KW, Dreier M, Duven E, Giralt S, Beutel ME, Wölfling K (2016) A hidden type of Internet Addiction? Intense and addictive use of social networking sites in adolescents. Comp Hum Behav 55:172-177.

Müller KW, Dreier M, Duven E, Giralt S, Beutel ME, Wölfling K (2017). Adding clinical validity to the statistical power of large-scale epidemiological surveys on internet addiction in adolescence: A combined approach to investigate psychopathology and development-specific personality traits associated with internet addiction. J Clin Psychiat, Epub ahead of print, doi:10.4088/JCP.15m10447.

Mussweiler T (2009) Social comparison. In: Strack F, Förster J (Hrsg.). Social cognition—The basis of human interaction. New York: Psychology Press, S. 139–156.

Olason DT, Kristjansdottir E, Einarsdottir H, Haraldsson H, Bjarnason G, & Derevensky JL (2010) Internet gambling and problem gambling among 13 to 18 years old adolescents in Iceland. International Journal of Mental Health and Addiction, 9(3), 257-263.

Pawlikowski M, Altstötter-Gleich C, Brand M (2013) Validation and psychometric properties of a short version of Young's Internet Addiction Test. Comp Hum Behav 29:1212–1223.

Pawlikowski M, Nader IW, Burger C, Stieger S, Brand M (2014) Pathological Internet use–It is a multidimensional and not a unidimensional construct. Addiction Research & Theory 22:166-175.

Petersen KU (2014) Exzessiver und abhängiger Internet-, Computer- und Mediengebrauch: Störungsmodelle. In: Bilke-Hentsch O, Wölfling K, Batra A (Hrsg.) Praxisbuch Verhaltenssucht. Stuttgart: Thieme. S. 110-112.

Petry J (2010) Das Konstrukt »Verhaltenssucht« – eine wissenschaftstheoretische Kritik. Sucht Aktuell 17:14-18.

Petry NM, Gonzalez-Ibanez A (2013) Internet Gambling in Problem Gambling College Students. J Gambl Stud, 1-12.

Rehbein F, Kleinmann M, Mößle T (2010) Prevalence and risk factors of video game dependency in adolescence: Results of a German nationwide survey. Cyberpsychol Behav Soc Netw 13:269-277.

Reinecke L, Aufenanger S, Beutel ME, Dreier M, Quiring O, Stark B, Wölfling K, Müller KW (2016) Digital Stress over the Life Span: The Effects of Communication Load and Internet Multitasking on Perceived Stress and Psychological Health Impairments in a German Probability Sample. Media Psychology. DOI: 10.1080/15213269.2015.1121832.

Robinson TE, Berridge KC (2008) Review The incentive sensitization theory of addiction: some current issues. Philos Trans R Soc Lond B Biol Sci 363:3137-346.

Rolls ET (2000) The orbitofrontal cortex and reward. Cereb Cortex 10:284–294.

Rose S, Dhandayudham A (2014) Towards an understanding of Internet-based problem shopping behaviour: the concept of online shopping addiction and its proposed predictors. Journal of Behavioral Addictions 3:83-89.

Rosen LD, Whaling K, Rab S, Camer LM, Cheever NA (2013) Is Facebook creating »iDisorders«? The link between clinical symptoms of psychiatric disorders and technology use, attitudes and anxiety. Comp Hum Behav 29:1243-1254.

Rothmund T, Klimmt C, Gollwitzer M (2016) Low Temporal Stability of Excessive Video Game Use in German Adolescents. Journal of Media Psychology, in press.

Rumpf HJ, Vermulst AA, Bischof A, Kastirke N, Gürtler D, Bischof, G., Meerkerk GJ, John U, Meyer C (2013) Occurence of internet addiction in a general population sample: A latent class analysis. Eur Addict Res 20:159-166.

Scharkow M, Festl R, Quandt T (2014) Longitudinal patterns of problematic computer game use among adolescents and adults – a 2-year panel study. Addiction 109:1910-1917.

Scheuerecker J, Frodl T, Koutsouleris N, Zetzsche T, Wiesmann M, Kleemann AM., Brückmann H, Schmitt G, Möller H-J, Meisenzahl EM (2007) Cerebral differences in explicit and implicit emotional processing–an fMRI study. Neuropsychobiology 56:32-39.

Schmidt MH (2004) Verlauf von psychischen Störungen bei Kindern und Jugendlichen. Dt. Ärzteblatt 10:2058-2062.

Schuhler P, Vogelgesang M, Petry J (2009) Pathologischer PC-/Internetgebrauch. Psychotherapeut 54:187-192.

Smahel D, Sevcikova A, Blinka L, Vesela M (2009) Abhängigkeit und Internet Applikationen: Spiele, Kommunikation und Sex-Webseiten. In: Stetina BU und Kryspin-Exner I (Hrsg.). Gesundheit und Neue Medien. Wien: Springer. S. 235–260.

Polcák R, Skop M, Smahel D (Eds.) Cyberspace 2005 (pp. 305–310). Brno: Masaryk University.

Soto CJ, John OP, Gosling SD, Potter J (2011) Age differences in personality traits from 10 to 65: Big Five domains and facets in a large cross-sectional sample. J Pers Soc Psychol 100:330-338.

Specht J, Egloff B, Schmukle SC (2011) Stability and change of personality across the life course: the impact of age and major life events on mean-level and rank-order stability of the Big Five. J Pers Soc Psychol 101: 862-882.

Starcevic V (2013) Is Internet addiction a useful concept? Aust Nz J Psychiat 47:16-19.

Stavropoulos V, Kuss D, Griffiths M, Motti-Stefanidi F (2015) A longitudinal study of adolescent internet addiction: The role of conscientiousness and classroom hostility. J Adolescent Res doi: 10.1177/0743558415580163.

Strauss A, Corbin J (1990) Basics of qualitative research: Grounded theory procedures and techniques. London: Sage.

Strittmatter E, Parzer P, Brunner R, Fischer G, Durkee T, Carli V., Hoven CW, Wasserman C, Sarchiapone M, Resch F (2015) A 2-year longitudinal study of prospective predictors of pathological Internet use in adolescents. Eur Child Adoles Psy, DOI 10.1007/s00787-015-0779-0.

Suler J (2004) The online disinhibition effect. Cyberpsychol Behav Soc Netw. 7:312-326.

Trujillo KA (2002) The neurobiology of opiate tolerance, dependence and sensitization: mechanisms of NMDA receptor-dependent synaptic plasticity. Neurotoxicity Research 4:373-391.

Tsitsika AK, Tzavela EC, Janikian M, Olafsson K, Iordache A, Schoenmakers TM, Tzavara C, Richardson C (2014) Online social networking in adolescence: patterns of use in six European Countries and links with psychosocial functioning. J Adolescent Health 55:141-147.

Uhl A (2012) »Evidenzbasierte« Absurditäten in der Suchtforschung. Sucht: Zeitschrift für Wissenschaft und Praxis 58:83-84.

Van den Bulck J (2004) Television viewing, computer game playing, and internet use and self-reported time to bed and time out of bed in secondary-school children. Sleep 27:101-104.

van Rooij AJ, Schoenmakers TM, Vermulst AA, van den Eijnden RJJM, van de Mheen D (2010) Online video game addiction: identification of addicted adolescent gamers. Addiction 106:205-212.

Volkow ND, Fowler JS (2000) Addiction, a disease of compulsion and drive: involvement of the orbitofrontal cortex. Cereb Cortex 10:318-325.

Volkow ND, Fowler JS, Wang G-J (2003) The addicted human brain: insights from imaging studies. J Clin Invest 111:1444-1451.

Literatur

Walther B, Morgenstern M, Hanewinkel R (2012) Co-occurrence of addictive behaviours: personality factors related to substance use, gambling and computer gaming. Eur Addict Res 18:167-174.

Weiss F (2005) Neurobiology of craving, conditioned reward and relapse. Current Opinion in Pharmacology 5:9–19.

Welte JW, Barnes GM, Tidwell MCO, Hoffman JH (2009) The association of form of gambling with problem gambling among American youth. Psychology of Addictive Behaviors 23:105.

Widiger TA, Trull TJ (1992) Personality and psychopathology: An application of the Five-Factor Model. J Pers 60:363-393.

Widyanto L, Griffiths M (2006) 'Internet addiction': a critical review. International Journal of Mental Health and Addiction 4:31-51.

Wiers RW, Eberl C, Rinck M, Becker ES & Lindenmeyer J (2011) Retraining automatic action tendencies changes alcoholic patients' approach bias for alcohol and improves treatment outcome. Psychological Science, 22(4), 490-497.

Wiers CE, Stelzel C, Gladwin TE, Park SQ, Pawelczack S, Gawron CK, Stuke H, Heinz A, Wiers RW, Rinck M., Lindenmeyer J, Walter H. & Bermpohl F (2015) Effects of cognitive bias modification training on neural alcohol cue reactivity in alcohol dependence. American Journal of Psychiatry, 172(4), 335-343.

Wilson SJ, Sayette MA, Fiez JA (2004) Prefrontal responses to drug cues: a neurocognitive analysis. Nature Neuroscience 7:211–214.

Winkler A, Dörsing B, Rief W, Shen Y, Glombiewski JA (2013) Treatment of internet addiction: A meta-analysis. Clin Psychol Rev 33:317–329.

Wölfling K, Müller KW (2009) Computerspielsucht. In: Batthyány D, Pritz A (Hrsg.) Rausch ohne Drogen – Substanzungebundene Süchte. Wien & New York: Springer. S. 291-307.

Wölfling K, Müller KW (2010) Computerspiel- und Internetsucht: Klinische Betrachtungen und psychologische Effekte. In: Kommission für Jugendmedienschutz der Landesmedienanstalten (Hrsg.) KJM-Schriftenreihe Band 2: Umstritten und Umworben – Computerspiele – Eine Herausforderung für die Gesellschaft. Berlin: Vistas. S. 158-173.

Wölfling K, Müller KW, Giralt S, Beutel ME (2011) Emotionale Befindlichkeit und dysfunktionale Stressverarbeitung bei Personen mit Internetsucht. Sucht 57:27-37.

Wölfling K, Beutel ME, Müller KW (2012) Construction of a standardized clinical interview to assess internet addiction: First findings regarding the usefulness of AICA-C. Journal of Addiction Research and Therapy S6: 003 doi:10.4172/2155-6105.S6-003.

Wölfling K, Beutel ME, Dreier M & Müller KW (2014). Treatment outcomes in patients with internet addiction – A clinical pilot study on the effects of a cognitive-behavioral therapy program. Biomed Research International, 425924, doi: 10.1155/2014/425924.

Wölfling K, Beutel ME, Dreier M & Müller KW (2015) Risikofaktoren von Verhaltenssucht: Explizite Persönlichkeitsfaktoren und implizite Assoziationsstärken bei Pathologischem Glücksspiel und Internetsucht. Suchttherapie, S-34-03, doi: 10.1055/s-0035-1557628 [Abstract].

Wölfling K, Beutel ME, Dreier M, Müller KW (2015) Bipolar spectrum disorders in a clinical sample of patients with internet addiction: Hidden comorbidity or differential diagnosis? Journal of Behavioral Addictions 4:108-112.

Wölfling K, Beutel ME, Müller KW (2016) OSV-S – Skala zum Onlinesuchtverhalten. In: Geue K, Strauß B, Brähler E (Hrsg.) Diagnostische Verfahren in der Psychotherapie. Göttingen: Hogrefe. In press.

Wolvendale J (2006) My avatar, My self: Virtual harm and attachment. In: Polcák R., Skop M., Smahel D. (Hrsg.). Cyberspace2005. Brno: Masaryk University. S. 305–310.

Yee N (2006) Motivations for play in online games. Cyberpsychol Behav 9:772–775.

Young K (1998) Caught in the Net. New York, NY: John Wiley & Sons.

Young KS (1999) Internet addiction: Symptoms, evaluation and treatment. In: Vande-Creek L, Jackson T Innovations in Clinical Practice: A Source Book. 17. Aufl. Sarasota: Professional Resource Press. S. 19-31.

Young KS, Case CJ (2004) Internet abuse in the workplace: new trends in risk management. Cyberpsychol Behav Soc Netw 7:105-111.

Yu L, Shek DTL (2013) Internet addiction in Hong Kong adolescents: a three-year longitudinal study. Journal of Pediatric and Adolescent Gynecology 26: S10-S17.

Zermatten A, Billieux J, Thorens G, Bondolfi G, Zullino D, Khazaal Y (2011) Motivations to play specifically predict excessive involvement in massively multiplayer online role-playing games: evidence from an online survey. Eur Addict Res 17:185-189.

Zhou Y, Lin FC, Du YS, Qin LD, Zhao ZM, Xu JR, Lei H (2011) Grey matter abnormalities in internet addiction: A voxel-based morphometry study. Eur J Radiol 79:92-95.

Stichwortverzeichnis

A

American Psychiatric Association (APA) 13, 26, 31, 69, 102–104
Arousal 51, 62, 71
Aufmerksamkeits-Defizit-Hyperaktivitätsstörung (ADHS) 108, 112, 130
Avatar 59–60, 75

B

Bipolar 113

C

Chronifizierung 48, 73, 119
Computerspielsucht 14, 25–26, 30–34, 36–37, 42, 47, 52–53, 57, 60–61, 63–64, 81, 92, 102–103, 112, 114–115, 119, 126, 133
Coping 87, 89, 93, 126
Craving 40, 50, 103, 112, 115–116, 122, 124

D

Depression 33, 108, 111, 130
Depressivität 30, 93
Diagnostik 97–98, 102, 115, 118
Differentialdiagnose 108
Differentieller phänomenologischer Ansatz zur Internetsucht 111
Displacement-Hypothese 70

DSM-5 13–14, 31, 69, 102, 133
Dysfunktional 12, 44, 50, 60, 76–79, 85, 87, 89, 93, 96, 111–112, 119, 122, 124–126

E

Elektroenzephalographie (EEG) 47
Emotionsregulation 44, 85
Entzug 40, 49, 54, 85, 89, 106, 110, 116
Epidemiologie 25–27, 32
Extraversion 42, 92
Exzessiv 12–13, 15, 22, 41–43, 56–57, 63–64, 70, 75, 78, 80, 84–90, 98–101, 105, 107–112, 119

F

Frühintervention 41–42, 82, 95–96, 133
Funktionelle Magnetresonanztomographie (fMRT) 47, 52, 59

G

Generalisierte Internetsucht 18, 56, 92–94, 121
Gewissenhaftigkeit 88, 92, 95
Glücksspiel 14, 54–55, 64–65, 73–74, 79, 83–84, 88, 102, 104, 108, 133

149

I

ICD 14, 110, 133
Immersion 58–59, 62, 85, 134
Impulsivität 65, 87
Impulskontrolle 14, 99, 112
Integratives Prozessmodell der
 Internetsucht (InPrIS) 86, 91
Internet Gaming Disorder 13, 69, 102
Intervention 67, 80, 96, 111, 118–119, 129–131

K

Komorbidität 108
Kompetenzerwartung 89
Komponentenmodell der
 Internetsucht 84
Konsequenzerwartung 93

M

Massive Multiplayer Online Role
 Playing Games (MMORPG) 58–59
Modell der Vier 44
Motivation 30, 49–50, 52, 58, 70, 89, 107, 121
Multiplayer Online Battle Arena
 Spiele (MOBA) 58

N

Neurotizismus 42, 87, 92–93

O

Operationalisierung 25, 34

P

Pathologisch 13–14, 33, 41, 63–66, 73, 79, 83, 85, 88, 93, 99, 102, 104, 108
Persönlichkeit 42, 86–88, 93–94, 96, 119
Persönlichkeitspsychologie 94
Positronenemissionstomographie (PET) 47, 50
Prävalenz 14, 25–33, 65, 99
Prävention 42, 82, 96, 133
Prokrastination 93, 107, 119
Psychoedukation 96, 122–123
Psychopharmaka 130
Psychotherapie 82, 126–128

Q

Quest 58

R

Remission 35–37, 42–43, 100
Risikofaktor 51, 58, 65, 68, 84, 86–88, 92–94, 133

S

Substanzungebunden 14, 83, 97

V

Verhaltenssucht 14, 54, 56, 84, 86–87
Verhaltenstherapie 124
Voxel-basierte Morphometrie 47, 52
Vulnerabilität 58, 84, 87, 101, 133

Anhang: Checkliste zum Onlinesuchtverhalten (OSV-C)

I. Suchtkriterien	letzte 30 Tage	letzte 12 Monate	keine Angabe
Bitte bewerten Sie, inwieweit das Kriterium innerhalb der letzten 12 Monate erfüllt war, sowie die jeweilige Ausprägung zum aktuellen Zeitpunkt. **0 = nicht; 1 = selten; 2 = manchmal; 3 = bisweilen; 4 = oft; 5 = sehr oft**			
1 Vorliegen eines starken/unkontrollierbaren Verlangens nach der Nutzung			
2 Merkliche Steigerung der Nutzungszeiten			
3 Vorliegen von Entzugssymptomen bei verhindertem Konsum			
4 Unterschätzung der für die Nutzung aufgewandten Zeit bzw. längere Beschäftigung als beabsichtigt			
5 Vorliegen von Einschränkungen des persönlichen Lebensbereichs bzw. Interessenverlust auf Grund des Konsums			
6 Auftreten negativer Konsequenzen auf Grund des Konsums			

Anhang: Checkliste zum Onlinesuchtverhalten (OSV-C)

II. Genutzte Computerspiele bzw. Internetanwendungen	Frequenz nie/selten	Frequenz oft/sehr oft	Hauptproblembereich
Computerspiele (online)	0	1	1
Konsolen- bzw. Computerspiele (offline)	0	1	2
Onlinesexportale	0	1	3
Online-Glücksspiele (z.B. Poker, Casinos, Wetten)	0	1	4
Einkaufsportale (Ebay, Amazon)	0	1	5
Chats, E-Mails, Foren	0	1	6
Online-Communitys (z. B. Facebook)	0	1	7
Informationsportale (z. B. Wikipedia)	0	1	8
Video- und Streamingportale (z. B. Youtube)	0	1	9
Andere: _____	0	1	10